W0022686

Andrea Biegel

100 kleine Häkelfiguren

kleine

Mit vielen Anwendungsideen

INHALTSVERZEICHNIS

100 kleine Häkelfiguren

Oftmals sind es die liebenswerten Kleinigkeiten, die es einem warm ums Herz werden lassen.

Ob als Glücksbringer bei Prüfungen, Trostspender bei Liebeskummer oder Krankheit, als Anhänger an Taschen, Rucksäcken oder Schulranzen, als Mitbringsel, Dekoration oder aber einfach nur zum Liebhaben, Spielen und Bewundern – in diesem Buch ist für jeden Anlass etwas dabei.

So wird sich der aufgeregte ABC-Schütze sicherlich über ein nettes Kuscheltierchen freuen, das ihn in Zukunft, am Ranzen baumelnd, durch den Schulalltag begleiten wird. Die begeisterte Hundebesitzerin kann künftig ihren Liebling am Schlüsselbund immer bei sich tragen und auch für Hühner-, Schafe- oder Mäusefans findet sich in diesem Buch das Passende.

Die kleinen Häkelfiguren sind im Nu fertig und lassen sich anhand der ausführlichen Anleitungen leicht nachhäkeln.

Viel Spaß beim Nacharbeiten und gutes Gelingen wünscht

Andrea Biegel

Schwierigkeitsgrad

Die Modelle lassen sich in folgende Schwierigkeitsgrade einteilen:

 einfach

 etwas schwieriger

 anspruchsvoll

ABKÜRZUNGEN

anschl = anschlagen

DStb = Doppelstäbchen

fM = feste Masche(n)

hStb = halbe(s) Stäbchen

Km = Kettmasche(n)

Lm = Luftmasche(n)

M = Masche(n)

Nd = Nadel

R = Reihe(n)

Rd = Runde(n)

Stb = Stäbchen

verd = verdoppeln

wdh = wiederholen

zus = zusammen

TIERE IN FREIER WILDBAHN

Wild und ungefährlich! Sogar der König der Tiere wird als Häkeltier ganz zahm und der dickste Bienenbrummer hat plötzlich den weichsten Stachel der Welt, denn als Häkelfiguren sind die wilden Dinger sooo süß und weich!

Biene mit Blume

→ summt und klingelt

Biene

Kopf und Körper
in Schwarz 2 Lm anschl
1. Rd: 5 fM in die 2. Lm von der Nd aus
2. Rd: jede M verd = 10 M
3. Rd: 10 fM häkeln
4. Rd: je 2 M zushäkeln = 5 fM, ausstopfen
in Sonne weiterhäkeln
5. Rd: jede M verd = 10 M
6. Rd: jede 2. M verd = 15 M
7.+8. Rd: 15 fM häkeln
9. Rd: jede 2. und 3. M zushäkeln = 10 M
10. Rd: je 2 M zushäkeln = 5 M, ausstopfen
11. Rd: in Schwarz jede M verd = 10 M
12. Rd: in Sonne *1 M verd, 4 fM, ab * 1x wdh
= 12 M
13. Rd: in Schwarz 12 fM häkeln
14. Rd: in Sonne 12 fM häkeln.

Flügel (2x häkeln)
in Weiß 3 Lm anschl
1.+2. R: 2 fM häkeln
3. R: jede M verd = 4 M
4. R: 4 fM häkeln
5. R: 1 fM, 2 M zushäkeln, 1 fM = 3 M
6. R: 3 M zushäkeln = 1 M.

Bein (3x häkeln)
in Schwarz 10 Lm anschl und 9 fM häkeln.

Fühler (2x häkeln)
in Schwarz 12 Lm anschl und 11 fM häkeln.

Fertigstellen
Die Beine durch den Körper ziehen und zur
Hälfte heraushängen lassen.
Fühler und Flügel an Kopf und Körper nähen.
Die Augen mit Sticktwist aufsticken.

Blume

in Signalrot 2 Lm anschl
1. Rd: 6 fM in die 2. Lm von der Nd aus
2. Rd: jede M verd = 12 M
3. Rd: jede 2. M verd = 18 M
4. Rd: jede 3. M verd = 24 M
5. Rd: jede 4. M verd = 30 M.

Blütenblätter (5x häkeln)
1. Rd: *in die 3. M je 6 Stb häkeln, dabei in vordere M-glieder stechen, 2 M übergehen, 1 Km,
ab * 4x wdh
2. Rd: an der 3. M der vorherigen Rd neu beginnen, dabei in hintere M-glieder stechen.
*4 Lm, 1 Km in hinteres M-glied des nächsten
Stäbchenbogens häkeln, ab * 4x wdh.
3. Rd: in jeden Lm-Bogen *1 fM, 2 Stb, 3 DStb,
2 Stb, 1 fM häkeln, ab * 4x wdh.

Blumenblätter
in Maigrün in jede Km der vorletzten Rd (= 2. Rd)
4 Lm und 4 DStb häkeln, durch alle 5 Schlingen
gleichzeitig abmaschen.

Blütenstempel (3x häkeln)
in Jaffa 3 Lm häkeln.

Fertigstellen
Den Blütenstempel in der Mitte der Blume festnähen.

GRÖSSE
Biene 6,5 cm
Blume 5,5 cm

MATERIAL
- Schachenmayr
  Catania
  in Schwarz
  (Fb 110), Sonne
  (Fb 208), Weiß
  (Fb 106), Signal-
  rot (Fb 115),
  Jaffa (Fb 189)
  und Maigrün
  (Fb 170), Reste
- Anchor
  Sticktwist in
  Weiß (Fb 01)
  und Schwarz
  (Fb 403), Reste
- Häkelnadel
  Nr. 2,5
- Füllwatte

Panda

→ **liebt grüne Blätter**

GRÖSSE
8,5 cm

MATERIAL
- Schachenmayr Catania in Weiß (Fb 106) und Schwarz (Fb 110), je 50 g
- Häkelnadel Nr. 2,5
- Füllwatte

Anleitung

Körper
in Weiß 2 Lm anschl
1. Rd: 5 fM in die 2. Lm von der Nd aus
2. Rd: 1 M verd, *1 fM, 1 M verd, ab * 1x wdh = 8 M
3. Rd: 3 fM, 2 M verd, 3 fM = 10 M
4. Rd: 4 fM, 2 M verd, 4 fM = 12 M
5. Rd: jede M verd = 24 M
6.-8. Rd: 24 fM häkeln
9. Rd: jede 5. und 6. M zushäkeln = 20 M
10. Rd: jede 4. und 5. M zushäkeln = 16 M
11. Rd: 2 M verd, 4 fM, je 2x 2 M zushäkeln, 4 fM, 2 M verd = 18 M
in Schwarz weiterhäkeln
12. Rd: 2 M verd, *6 fM, 2 M verd, ab * 1x wdh = 24 M
13. Rd: 1 M verd, 22 fM, 1 M verd = 26 M

14. Rd: 26 fM häkeln
in Weiß weiterhäkeln
15.-18. Rd: 26 fM häkeln
19. Rd: 2 M zushäkeln, 22 fM, 2 M zushäkeln = 24 M
20. Rd: jede 5. und 6. M zushäkeln = 20 M
21. Rd: jede 4. und 5. M zushäkeln = 16 M
22. Rd: jede 3. und 4. M zushäkeln = 12 M, ausstopfen
23. Rd: je 2 M zushäkeln = 6 M.

Ohr (2x häkeln)
in Schwarz 2 Lm anschl
1. Rd: 5 fM in die 2. Lm von der Nd aus
2. Rd: 1 M verd, *1 fM, 1 M verd, ab * 1x wdh = 8 M.

Vorderbein (2x häkeln)
in Schwarz 2 Lm anschl
1. Rd: 5 fM in die 2. Lm von der Nd aus

2. Rd: 1 M verd, *1 fM, 1 M verd, ab * 1x wdh = 8 M
3.-7. Rd: 8 fM häkeln.

Hinterbein (2x häkeln)
in Schwarz 2 Lm anschl
1. Rd: 5 fM in die 2. Lm von der Nd aus
2. Rd: 1 M verd, *1 fM, 1 M verd, ab * 1x wdh = 8 M
3.+4. Rd: 8 fM häkeln
5. Rd: die 1. M verd, 6 fM, die 8. M verd = 10 M
6.+7. Rd: 10 fM häkeln.

Fertigstellen
Die Beine ausstopfen und am Körper festnähen. Die Ohren leicht ausstopfen und annähen. Nase und Augen aufsticken.

Buntstiftraupe
→ dekorativer Halter

GRÖSSE
8,5 cm

MATERIAL
- Schachenmayr Catania in Signalrot (Fb 115), Apfel (Fb 205), Kaffee (Fb 162) und Birke (Fb 219), Reste
- Schachenmayr Brazilia in Anis (Fb 1279), Rest
- Anchor Sticktwist in Weiß (Fb 01) und Schwarz (Fb 403), Reste
- Häkelnadel Nr. 2,5
- Füllwatte

Kopf und Körper
in Signalrot 2 Lm anschl
1. Rd: 5 fM in die 2. Lm von der Nd aus
2. Rd: jede M verd = 10 M
3. Rd: jede 2. M verd = 15 M
4. Rd: 15 fM häkeln
5. Rd: jede 2. und 3. M zushäkeln = 10 M, ausstopfen
6. Rd: je 2 M zushäkeln = 5 M in Apfel weiterhäkeln
7. Rd: jede M verd = 10 M
8. Rd: jede 2. M verd = 15 M
9. Rd: in Brazilia 15 fM häkeln
10. Rd: jede 2. und 3. M zushäkeln = 10 M, ausstopfen
11. Rd: je 2 M zushäkeln = 5 M

12. Rd: jede M verd = 10 M
13. Rd: jede 2. M verd = 15 M
14. Rd: in Brazilia 15 fM häkeln
15. Rd: jede 2. und 3. M zushäkeln = 10 M, ausstopfen
16. Rd: je 2 M zushäkeln = 5 M
17. Rd: jede M verd = 10 M
18. Rd: 10 fM häkeln
19. Rd: in Brazilia 10 fM häkeln
20.+21. Rd: 10 fM häkeln
22. Rd: 2 fM, 2 M zushäkeln, 3 fM, 2 M zushäkeln, 1 fM = 8 M
23. Rd: 1 fM, 2 M zushäkeln, 2 fM, 2 M zushäkeln, 1 fM = 6 M
24. Rd: 6 fM häkeln.

Fühler (2x häkeln)
in Kaffee 3 Lm häkeln.

Bein (6x häkeln)
in Birke 3 Lm häkeln.

Fertigstellen
Die Augen aufsticken. Die Fühler und Beine annähen.

Tipp: Wenn die Raupe nach der letzten Runde ausgestopft und geschlossen wird, ist sie mit einer Sicherheitsnadel auch als Brosche ein toller Hingucker!

Zebra

→ Zi-Za-Zebra auf Zack

GRÖSSE

8 cm

MATERIAL

- Schachenmayr Catania in Weiß (Fb 106) und Schwarz (Fb 110), je 50 g
- 2 Wackelaugen, ø 6 mm
- Häkelnadel Nr. 2,5
- Füllwatte

Anleitung

Körper und Kopf

in Schwarz 2 Lm anschl

1. Rd: 5 fM in die 2. Lm von der Nd aus

2. Rd: in Weiß jede M verd = 10 M

3. Rd: in Schwarz: jede 2. M verd = 15 M

4. Rd: in Weiß jede 3. M verd = 20 M

5.-11. Rd: abwechselnd 1 Rd in Schwarz und in Weiß häkeln

12. Rd: in Weiß je 2x 2 M zushäkeln, 12 fM, je 2x 2 M zushäkeln = 16 M

13. Rd: in Schwarz je 2x 2 M zushäkeln, 4 fM, 6 Lm neu anschl, 5 fM zurückhäkeln, 4 fM, 2x 2 M zushäkeln = 17 M

14. Rd: in Weiß 2 M zushäkeln, 9 fM, 2 fM an die Spitze häkeln, 9 fM, 2 M zushäkeln = 22 M

15. Rd: in Schwarz 2 M zushäkeln, *8 fM, 2 M zushäkeln, ab * 1x wdh = 19 M

16. Rd: in Weiß 2 M zushäkeln, 7 fM, 2 M zushäkeln, 6 fM, 2 M zushäkeln = 16 M

17. Rd: in Schwarz 2x 2 M zushäkeln, 8 fM, 2x 2 M zushäkeln = 12 M

18. Rd: in Weiß 2 M zushäkeln, 8 fM, 2 M zushäkeln = 10 M

19. Rd: in Schwarz 1 M verd, 3 fM, 2 M zushäkeln, 3 fM, 1 M verd = 11 M

20. Rd: in Weiß 1 M verd, 3 fM, 2x 2 M zushäkeln, 2 fM, 1 M verd = 11 M

21. Rd: in Schwarz 4 fM, 2x 2 M zushäkeln, 3 fM = 9 M

22. Rd: in Weiß 2 M zushäkeln, 5 fM, 2 M zushäkeln = 7 M

23. Rd: in Weiß 2 M zushäkeln, 3 fM, 2 M zushäkeln = 5 M, ausstopfen, Faden durchziehen.

Ohr (2x häkeln)

in Weiß 4 Lm anschl

1.+2. R: 3 fM häkeln

3. R: 1 fM, 2 M zushäkeln = 2 M

4. R: 2 M zushäkeln = 1 M.

Vorderbein (2x häkeln)

In Schwarz 2 Lm anschl

1. Rd: 5 fM in die 2. Lm von der Nd aus

2.+3. Rd: 5 fM häkeln

4.-9. Rd: abwechselnd 1 Rd in Weiß und in Schwarz häkeln.

Hinterbein (2x häkeln)

In Schwarz 2 Lm anschl

1. Rd: 5 fM in die 2. Lm von der Nd aus

2.+3. Rd: 5 fM häkeln

4.-6. Rd: abwechselnd 1 Rd in Weiß und in Schwarz häkeln

7. Rd: in Schwarz die 1. und 2. M verd, 3 fM = 7 M

8.+9. Rd: abwechselnd 1 Rd in Weiß und in Schwarz häkeln.

Schwanz

14 Lm anschl, dabei je 1 Lm in Weiß und 1 Lm in Schwarz im Wechsel häkeln.

Fertigstellen

Die Beine ausstopfen und am Körper festnähen. Ohren annähen und die Wackelaugen aufkleben. Schwarze Fäden am Schwanzende anknüpfen und den Schwanz festnähen. Die Mähne mit einem Mittelscheitel in Schwarz anknüpfen.

Elefant

→ grauer Riese als Gedächtnisstütze

GRÖSSE
10 cm

MATERIAL
- Schachenmayr Catania in Silber (Fb 172), 50 g
- Schachenmayr Catania in Weiß (Fb 106), Rest
- 2 Wackelaugen, ø 6 mm
- Häkelnadel Nr. 2,5
- Füllwatte
- Zettelklammer auf Metallseil

Anleitung

Körper und Kopf
in Silber 2 Lm anschl
1. Rd: 5 fM in die 2. Lm von der Nd aus
2. Rd: jede M verd = 10 M
3. Rd: jede 2. M verd = 15 M
4. Rd: jede 3. M verd = 20 M
5. Rd: jede 4. M verd = 25 M
6. Rd: jede 5. M verd = 30 M
7.-12. Rd: 30 fM häkeln
13. Rd: 2 M zushäkeln, 1 fM, 2 M zushäkeln, 10 fM, 4 Lm neu anschl, 3 fM zurückhäkeln, 10 fM, 2 M zushäkeln, 1 fM, 2 M zushäkeln = 29 M
14. Rd: 2x 2 M zushäkeln, 11 fM, 2 fM in die Spitze der neuen Lm, 10 fM, 2x 2 M zushäkeln = 27 M
15. Rd: 2x 2 M zushäkeln, 21 fM, 2x 2 M zushäkeln = 25 M
16. Rd: 2x 2 M zushäkeln, 17 fM, 2x 2 M zushäkeln = 21 M
17. Rd: 2 M zushäkeln, 17 fM, 2 M zushäkeln = 19 M
18. Rd: 7 fM, 2 M zushäkeln, 1 fM, 2 M zushäkeln, 7 fM = 17 M
19. Rd: 6 fM, 2 M zushäkeln, 1 fM, 2 M zushäkeln, 6 fM = 15 M, ausstopfen
20. Rd: 5 fM, 2 M zushäkeln, 1 fM, 2 M zushäkeln, 5 fM = 13 M
21. Rd: 4 fM, 2 M zushäkeln, 1 fM, 2 M zushäkeln, 4 fM = 11 M
22. Rd: 5 fM, 2 M zushäkeln, 4 fM = 10 M
23.-25. Rd: 1 M verd, 2 fM, 2x 2 M zushäkeln, 2 fM, 1 M verd = 10 M
26. Rd: 2 M zushäkeln, 1 fM, 2x 2 M zushäkeln, 1 fM, 2 M zushäkeln = 6 M, ausstopfen.

Bein (4x häkeln)
in Weiß 2 Lm anschl
1. Rd: 5 fM in die 2. Lm von der Nd aus
2. Rd: jede M verd = 10 M
in Silber weiterhäkeln
3. Rd: 10 fM häkeln, dabei nur in hintere M-glieder einstechen
4.-6. Rd: 10 fM häkeln.

Ohr (2x häkeln)
in Silber 5 Lm anschl
1. R: 4 fM häkeln
2. R: 1 M verd, 2 fM, 1 M verd = 6 M
3. R: 1 M verd, 2 fM, wenden = 4 M
4 R: je 2 M zushäkeln = 2 M
die andere Ohrhälfte gegengleich arbeiten, dabei in der
3. R: 2 fM, 1 M verd = 4 M
4. R: je 2 M zushäkeln = 2 M.

Stoßzahn (2x häkeln)
in Weiß 2 Lm anschl
1. R: 1 fM häkeln
2. R: 1 M verd = 2 M
3. R: 1 fM, 1 M verd = 3 M
4. R: 2 fM, 1 M verd = 4 M
5. R: 1 M verd, 2 M zushäkeln, 1 M verd = 5 M
6. R: 5 M häkeln.

Schwanz
in Silber 7 Lm anschl und 6 fM häkeln. Faden hängen lassen.

Fertigstellen
Beine ausstopfen und am Körper festnähen. Die Ohren annähen und die Stoßzähne am seitlichen Rand zusammennähen, leicht ausstopfen und festnähen. Die Wackelaugen aufkleben und den Schwanz annähen. Die Klammer befestigen, indem das Seil von oben in den Elefantenkörper geschoben wird.

Für Dein Elefanten-
gedächtnis ...

Schlange

→ harmlos

Anleitung

Körper

in Kamel 2 Lm anschl

1. Rd: 4 fM in die 2. Lm von der Nd aus

2.+3. Rd: 4 fM häkeln

4. Rd: *1 fM, 1 M verd, ab * 1x wdh = 6 M

5.+6. Rd: 6 fM häkeln

7. Rd: 1 fM, 1 M verd, 2 fM, 1 M verd, 1 fM = 8 M

8.-38. Rd: 8 fM häkeln

39. Rd: 1 fM, 2 M verd, 2 fM, 2 M verd, 1 fM = 12 M

40. Rd: 2 fM, 2 M verd, 4 fM, 2 M verd, 2 fM = 16 M

41.+42. Rd: 16 fM häkeln

43. Rd: 3 fM, 2 M zushäkeln, 6 fM, 2 M zushäkeln, 3 fM = 14 M

44. Rd: 3 fM, 2 M zushäkeln, 5 fM, 2 M zushäkeln, 2 fM = 12 M

45. Rd: 2 fM, 2 M zushäkeln, 4 fM, 2 M zushäkeln, 2 fM, 3 Km, 1 Lm = 10 M

in Reihen weiterhäkeln:

1. R: über die nächsten 5 M je 1 fM häkeln = 5 M

2. R: 5 fM häkeln

3. R: 2 M zushäkeln, 1 fM, 2 M zushäkeln = 3 M

4. R: 3 fM häkeln

auf der anderen Seite Reihe 1-4 wdh, ausstopfen.

Zunge

in Kaffee 2 Lm anschl

1. R: 1 fM in die 2. Lm von der Nd aus

2.-4. R: 1 fM häkeln

5. R: 1 fM, 3 Lm, in die fM noch einmal 3 Lm häkeln.

Fertigstellen

Die Zunge im Maul festnähen. Das Schlangenmuster in Dschungel, Kaffee und Gold aufsticken. Die Augen aufkleben.

GRÖSSE

19 cm

MATERIAL

- Schachenmayr Catania in Kamel (Fb 179), 50 g
- Schachenmayr Catania in Dschungel (Fb 224) und Kaffee (Fb 162), Reste
- Anchor Artiste Metallic in Gold (Fb 300), Rest
- 2 Holzhalbkugeln in Schwarz, ø 4 mm
- Häkelnadel Nr. 2,5
- Füllwatte

Schmetterling

→ toll als Flicken, Brosche oder Haarspange!

GRÖSSE
9 cm

MATERIAL
- Schachenmayr Catania in Pink (Fb 223), Weiß (Fb 106), Signalrot (Fb 115), Fuchsia (Fb 128) und Orchidee (Fb 222), Reste
- Häkelnadel Nr. 2,5
- Sicherheitsnadel

Anleitung

Kopf und Körper
in Orchidee 2 Lm anschl
1. Rd: 4 fM in die 2. Lm von der Nd aus
2. Rd: 1 M verd, 1 fM, 1 M verd, 1 fM = 6 M
3.-11. Rd: 6 fM häkeln, ausstopfen
12. Rd: jede 2. und 3. M zushäkeln = 4 M.

Flügel (2x häkeln)
in Pink 9 Lm anschl
1. R: 8 fM häkeln
2. R: 1 M verd, 6 fM, 1 M verd = 10 M
3. R: 10 fM häkeln

4. R: 1 M verd, 8 fM, 1 M verd = 12 M
5. R: 12 fM häkeln
6. R: 1 M verd, 10 fM, 1 M verd = 14 M
7. R: 14 fM häkeln
8. R: 1 M verd, 6 fM, wenden = 8 M
9. R: 2 M zushäkeln, 4 fM, 2 M zushäkeln = 6 M
10. R: 2 M zushäkeln, 2 fM, 2 M zushäkeln = 4 M
11. R: je 2 M zushäkeln = 2 M
die andere Flügelhälfte gegengleich arbeiten
8. R: 6 fM, 1 M verd = 8 M
9. R: 2 M zushäkeln, 4 fM, 2 M zushäkeln = 6 M

10. R: 2 M zushäkeln, 2 fM, 2 M zushäkeln = 4 M
11. R: je 2 M zushäkeln = 2 M.

Fühler (2x häkeln)
in Fuchsia 3 Lm häkeln.

Punkt (2x in Weiß und 2x in Signalrot häkeln)
2 Lm anschl und 6 fM in die 2. Lm von der Nd aus häkeln.

Fertigstellen
Die Punkte auf die Flügel nähen, dann die Flügel am Körper annähen. Die Fühler am Kopf festnähen. Die Sicherheitsnadel oder eine Haarspange auf der Rückseite befestigen.

Affe

→ schwingt sich von Lianen zu Kabeln

GRÖSSE

13 cm

MATERIAL

- Schachenmayr Catania in Marone (Fb 157), 50 g
- Schachenmayr Catania in Rotbraun (Fb 210), Rest
- 2 Holzhalbkugeln in Schwarz, ø 4 mm
- Häkelnadel Nr. 2,5
- Füllwatte
- evtl. Draht für Klammeraffe

Anleitung

Kopf und Körper

in Marone 2 Lm anschl

1. Rd: 6 fM in die 2. Lm von der Nd aus

2. Rd: jede M verd = 12 M

3. Rd: jede 2. M verd = 18 M

4.-6. Rd: 18 fM häkeln

7. Rd: 7 fM, 4 M verd, 7 fM = 22 M

8. Rd: 22 fM häkeln

9. Rd: 7 fM, 2 M zushäkeln, *1 fM, 2 M zushäkeln, ab * 1x wdh, 7 fM = 19 M

10. Rd: 9 fM, 2 M zushäkeln, 8 fM = 18 M

11. Rd: jede 2. und 3. M zushäkeln = 12 M, ausstopfen

12. Rd: je 2 M zushäkeln = 6 M

13. Rd: jede M verd = 12 M

14. Rd: jede 3. M verd = 16 M

15. Rd: jede 4. M verd = 20 M

16.-21. Rd: 20 fM häkeln

22. Rd: jede 3. und 4. M zushäkeln = 15 M

23. Rd: jede 2. und 3. M zushäkeln = 10 M, ausstopfen

24. Rd: je 2 M zushäkeln = 5 M.

Arm (2x häkeln)

in Marone 2 Lm anschl

1. Rd: 6 fM in die 2. Lm von der Nd aus

2. Rd: jede M verd = 12 M

3. Rd: je 2 M zushäkeln = 6 M

4.-16. Rd: 6 fM häkeln.

Bein (2x häkeln)

in Marone 2 Lm anschl

1. Rd: 8 fM in die 2. Lm von der Nd aus

2. Rd: jede M verd = 16 M

3. Rd: 16 fM häkeln

4. Rd: je 2 M zushäkeln = 8 M

5.-13. Rd: 8 fM häkeln.

Gesicht

in Rotbraun 4 Lm anschl

1. R: 3 fM häkeln

2. R: 1 M verd, 1 fM, 1 M verd = 5 M

3. R: 1 M verd, 3 fM, 1 M verd = 7 M

4. R: 7 fM häkeln

5. R: 3 fM, 2 M zushäkeln, 2 fM = 6 M

6. R: 2 M zushäkeln, 2 fM, 2 M zushäkeln = 4 M.

Ohr (2x häkeln)

in Marone 2 Lm anschl

1. R: 6 fM in die 2. Lm von der Nd aus

2. R: 1 M verd, 4 fM, 1 M verd = 8 M.

Innenohr (2x häkeln)

in Rotbraun 2 Lm anschl und 4 fM in die 2. Lm von der Nd aus häkeln.

Fertigstellen

Arme und Beine ausstopfen und am Körper festnähen. Das Innenohr auf das Außenohr nähen, anschließend die Ohren am Kopf annähen. Das Gesicht auf dem Kopf festnähen. Den Mund in Marone aufsticken. Als Augen Holzhalbkugeln aufkleben.

Tipp: Um den Affen in einen Klammeraffen zu verwandeln, ziehen Sie ein Stück Draht durch die Arme.

Schnecke & Schildkröte

→ zuverlässige Spießgesellen

Schnecke

Kopf

in Creme 2 Lm anschl
1. Rd: 5 fM in die 2. Lm von der Nd aus
2. Rd: 1 M verd, *1 fM, 1 M verd, ab * 1x wdh = 8 M
3. Rd: 8 fM häkeln
4. Rd: 2 zushäkeln, *1 fM, 2 M zushäkeln, ab * 1x wdh = 5 M, ausstopfen.

Körper

in Creme weiterhäkeln
1 Km, die Arbeit flach aufeinanderlegen, durch das vordere und hintere M-glied gleichzeitig arbeiten, 2 fM häkeln und in Rd weiterarbeiten
1. Rd: je 1 fM in die vorderen und je 1 fM in die hinteren M-glieder arbeiten = 4 M
2. Rd: jede M verd = 8 M
3.-10. Rd: 8 fM häkeln
11. Rd: je 2 M zushäkeln = 4 M.

Fühler (2x häkeln)

in Creme 2 Lm anschl und 1 fM in die 2. Lm von der Nd aus häkeln.

Haus

in Mandarine 2 Lm anschl
1. Rd: 5 fM in die 2. Lm von der Nd aus
2. Rd: jede M verd = 10 M
3. Rd: nur in vordere M-glieder stechen, dabei jede M verd = 20 M
4. Rd: jede 3. und 4. M zushäkeln = 15 M
5. Rd: 15 fM häkeln
6. Rd: nur in vordere M-glieder stechen, dabei jede M verd = 30 M
7. Rd: jede 5. und 6. M zushäkeln = 25 M
8. Rd: 25 fM häkeln

9. Rd: nur in vordere M-glieder stechen, dabei jede M verd = 50 M
10. Rd: jede 4. und 5. M zushäkeln = 40 M
11. Rd: jede 3. und 4. M zushäkeln = 30 M
12. Rd: jede 2. und 3. M zushäkeln = 20 M
13. Rd: jede 3. und 4. M zushäkeln = 15 M
14. Rd: jede 2. und 3. M zushäkeln = 10 M, ausstopfen
15. Rd: je 2 M zushäkeln = 5 M.

Fertigstellen

Die Naht zeigt nach unten. Den Kopf an den Körper ziehen und festnähen. Das Haus auf dem Körper festnähen. Die Fühler an den Kopf nähen und die Augen aufsticken. In Reihe 3, 6 und 9 des Hauses Spannstiche in Creme aufsticken.

Schildkröte

Körper

in Beige 2 Lm anschl
1. Rd: 6 fM in die 2. Lm von der Nd aus
2. Rd: jede 2. M verd = 9 M
3.-6. Rd: 9 fM häkeln
7. Rd: 2 fM, 5x 1 M verd, 2 fM = 14 M
8. Rd: 2 fM, *1 M verd, 1 fM, ab * 4x wdh, 2 fM = 19 M
9.+10. Rd: 19 fM häkeln
11. Rd: 4 fM, *1 M verd, 2 fM, ab * 4x wdh = 24 M
12.+13. Rd: 24 fM häkeln
14. Rd: 5 fM, * 2 M zushäkeln, 3 fM, ab * 2x wdh, 2 M zushäkeln, 2 fM = 20 M
15. Rd: 4 fM, *2 M zushäkeln, 2 fM, ab * 3x wdh = 16 M
16. Rd: 3 fM, *2 M zushäkeln,

1 fM, ab * 2x wdh, 2 M zushäkeln, 2 fM = 12 M, ausstopfen
17. Rd: 2 fM, 4x 2 M zushäkeln, 2 fM = 8 M
18. Rd: 1 fM, 2 M zushäkeln, 2 fM, 2 M zushäkeln, 1 fM = 6 M
19.+20. Rd: 6 fM häkeln, ausstopfen
21. Rd: je 2 M zushäkeln = 3 M.

Panzer

in Dschungel 2 Lm anschl
1. Rd: 6 fM in die 2. Lm von der Nd aus
2. Rd: jede M verd = 12 M
3. Rd: jede 2. M verd = 18 M
4. Rd: jede 3. M verd = 24 M
5. Rd: jede 4. M verd = 30 M
6. Rd: jede 5. M verd = 36 M
7. Rd: jede 6. M verd = 42 M
8. Rd: jede 7. M verd = 48 M.

Bein (4x häkeln)

in Beige 2 Lm anschl
1. Rd: 4 fM in die 2. Lm von der Nd aus
2. Rd: jede 2. M verd = 6 M
3.+4. Rd: 6 fM häkeln.

Fertigstellen

Die Beine ausstopfen und am Körper festnähen. Den Panzer aufnähen und Mund und Augen aufsticken.

GRÖSSE
Schnecke 5,5 cm
Schildkröte 7 cm

MATERIAL
◆ Häkelnadel Nr. 2,5
◆ Füllwatte

SCHNECKE
◆ Schachenmayr Catania in Creme (Fb 130) und Mandarine (Fb 209), Reste
◆ Anchor Sticktwist in Weiß (Fb 01) und Schwarz (Fb 403), Reste

SCHILDKRÖTE
◆ Schachenmayr Catania in Beige (Fb 108) und Dschungel (Fb 224), Reste
◆ Anchor Sticktwist in Braun (Fb 930), Rest

Spinne

→ so weich und schrecklich spaßig

GRÖSSE
9 cm

MATERIAL

- Schachenmayr Catania in Schwarz (Fb 110), Rest
- Schachenmayr Rosato in Schwarz (Fb 99), Rest
- Anchor Sticktwist in Rot (Fb 4055), Rest
- Häkelnadel Nr. 2,5
- Füllwatte

Anleitung

Kopf und Körper

in Catania 2 Lm anschl
1. Rd: 5 fM in die 2. Lm von der Nd aus
2. Rd: 1 M verd, *1 fM, 1 M verd, ab * 1x wdh = 8 M
3. Rd: 2 fM, 4 M verd, 2 fM = 12 M
in Rosato weiterhäkeln
4. Rd: 3 fM, 6 M verd, 3 fM = 18 M
5. Rd: 3 fM, 1 M verd, 10 fM, 1 M verd, 3 fM = 20 M
6.+7. Rd: 20 fM häkeln
8. Rd: jede 4. und 5. M zus- häkeln = 16 M
9. Rd: jede 3. und 4. M zus- häkeln = 12 M
10. Rd: jede 2. und 3. M zus- häkeln = 8 M, ausstopfen
11. Rd: je 2 M zushäkeln = 4 M.

Bein (8x häkeln)

in Catania 10 Lm anschl, dann in die 2. und 3. Lm je 1 fM, in die 3. Lm 3 fM, 6 fM häkeln = 11 M.

Fertigstellen

Die Beine am Körper festnähen und die Augen mit Sticktwist aufsticken.

Maulwurf

→ kurzsichtiger Zeitgenosse

GRÖSSE
8,5 cm

MATERIAL
◆ Schachenmayr Catania in Schwarz (Fb 110), 50 g
◆ Schachenmayr Catania in Rosé (Fb 158), Rest
◆ 2 Holzhalbkugeln in Schwarz, ø 4 mm
◆ Pompon in Rosa, ø 6 mm
◆ Häkelnadel Nr. 2,5
◆ Füllwatte

Anleitung

Kopf und Körper

in Schwarz 2 Lm anschl
1. Rd: 5 fM in die 2. Lm von der Nd aus
2. Rd: jede M verd = 10 M
3.-5. Rd: 10 fM häkeln
6. Rd: 4 fM, 2 M verd, 4 fM = 12 M
7. Rd: 5 fM, 2 M verd, 5 fM = 14 M
8.+9. Rd: 14 fM häkeln
10.-12. Rd: 1 M verd, 4 fM, 2x 2 M zushäkeln, 4 fM, 1 M verd = 14 M
13. Rd: 1 M verd, 12 fM, 1 M verd = 16 M
14. Rd: 1 M verd, 14 fM, 1 M verd = 18 M
15. Rd: 1 M verd, 16 fM, 1 M verd = 20 M
16.-21. Rd: 20 fM häkeln
22. Rd: jede 3. und 4. M zushäkeln = 16 M

23. Rd: jede 2. und 3. M zushäkeln = 12 M, ausstopfen
24. Rd: je 2 M zushäkeln = 6 M.

Hinterbein (2x häkeln)

An der Pfote beginnen, dazu in Rosé 4 Lm anschl
1. Rd: 3 fM häkeln, dann am unteren Lm-Rand 3 fM häkeln = 6 M
2. Rd: 1 M verd, 1 fM, 2 M verd, 1 fM, 1 M verd = 10 M
3. Rd: 10 fM häkeln
4. Rd: 2 M zushäkeln, 1 fM, 2x 2 M zushäkeln, 1 fM, 2 M zushäkeln = 6 M.

Vorderbein (2x häkeln)

in Rosé 2 Lm anschl
1. Rd: 5 fM in die 2. Lm von der Nd aus
2. Rd: 1 M verd, *1 fM, 1 M verd, ab * 1x wdh = 8 M
3. Rd: 8 fM häkeln
4. Rd: je 2 M zushäkeln = 4 M.

Schwanz

in Schwarz 2 Lm anschl
1. Rd: 4 fM in die 2. Lm von der Nd aus
2.+3. Rd: 4 fM häkeln.

Fertigstellen

Die Beine am Körper festnähen und den Schwanz annähen. Die Holzhalbkugeln als Augen aufkleben.

Fledermaus

→ einfach mal abhängen

Anleitung

Körper

in Schwarz 2 Lm anschl

1. Rd: 5 fM in die 2 Lm von der Nd aus

2. Rd: jede M verd = 10 M

3. Rd: 10 fM häkeln, ausstopfen

4. Rd: je 2 M zushäkeln = 5 M

5. Rd: jede M verd = 10 M

6. Rd: jede 2. M verd = 15 M

7.-9. Rd: 15 fM häkeln

10. Rd: jede 2. und 3. M zushäkeln = 10 M, ausstopfen

11. Rd: je 2 M zushäkeln = 5 M.

Fühler (2x häkeln)

in Schwarz 4 Lm häkeln.

Beine (2x häkeln)

in Schwarz 6 Lm anschl, dann 1 fM in die 2. Lm von der Nd aus, 2 fM, 3 fM in die 4. Lm von der Nd aus, 1 fM = 7 M.

Flügel (2x häkeln)

in Schwarz 5 Lm anschl

1. R: 4 fM häkeln

2. R: 1 M verd, 2 fM, 1 M verd = 6 M

3 R: 1 M verd, 4 fM = 6 M

4. R: 1 M verd, 4 fM, 1 M verd = 8 M

5. R: 2 M zushäkeln, 5 fM = 6 M

6. R: 1 M verd, 3 fM, 2 M zushäkeln = 6 M

7. R: 1 fM, *2 Lm, 1 fM, ab * 4x wdh.

Fertigstellen

Die Flügel mit den Zacken nach unten und zur Seite am Körper annähen. Die Fühler doppelt legen und mit den Enden am Kopf festnähen. Die Beine mit der kurzen Wölbung nach außen befestigen und die Wackelaugen aufkleben.

GRÖSSE

5 cm

MATERIAL

- Schachenmayr Catania in Schwarz (Fb 110), Rest
- 2 Wackelaugen, ø 4 mm
- Häkelnadel Nr. 2,5
- Füllwatte

Frosch

→ Springinsfeld und an den Kühlschrank

GRÖSSE

9 cm

MATERIAL

◆ Schachenmayr Catania in Apfel (Fb 205) und Hummer (Fb 131), Reste
◆ Anchor Sticktwist in Weiß (Fb 01) und Schwarz (Fb 403), Reste
◆ Häkelnadel Nr. 2,5
◆ Füllwatte
◆ Magnet

Anleitung

Kopf und Körper

in Apfel 2 Lm anschl

1. Rd: 6 fM in die 2. Lm von der Nd aus
2. Rd: *1 fM, 2 M verd, ab * wdh = 10 M
3. Rd: 10 fM häkeln
4. Rd: 2 fM, 2 M verd, 3 fM, 2 M verd, 1 fM = 14 M
5. Rd: 14 fM häkeln
6. Rd: 3 fM, 2 M verd, 5 fM, 2 M verd, 2 fM = 18 M
7.-9. Rd: 18 fM häkeln
10. Rd: jede 2. und 3. M zushäkeln = 12 M
11. Rd: jede 3. und 4. M zushäkeln = 9 M, ausstopfen
12. Rd: jede 2. und 3. M zushäkeln = 6 M.

Vorderbein (2x häkeln)

in Apfel 6 Lm anschl und zum Ring schließen

1.-4. Rd: 6 fM häkeln
5.-7. Rd: 2 M zushäkeln, 2 M verd, 2 M zushäkeln = 6 M
8. Rd: in Hummer weiterhäkeln, dabei das Bein flach aufeinanderlegen, die Naht ist seitlich. Durch die oberen und unteren M-glieder gleichzeitig stechen, dabei 4 Lm, 1 fM, 5 Lm, 1 fM, 4 Lm, 1 fM häkeln.

Hinterbein (2x häkeln)

in Apfel 6 Lm anschl, zum Ring schließen
1. Rd: 6 fM häkeln
2. Rd: 1 M verd, 4 fM, 1 M verd = 8 M
3. Rd: 1M verd, 2 fM, 2 M zushäkeln, 2 fM, 1 M verd = 9 M
4.+5. Rd: 1 M verd, 2 fM, 3 M zushäkeln, 2 fM, 1 M verd = 9 M
6. Rd: 3 fM, 3 M zushäkeln, 3 fM = 7 M
7. Rd: in Hummer weiterhäkeln, dabei das Bein flach aufeinanderlegen, die Naht ist seitlich. Durch die oberen und unteren M-glieder gleichzeitig stechen, dabei 4 Lm, 1 fM, 5 Lm, 1 fM, 4 Lm, 1 fM häkeln.

Auge (2x häkeln)

in Weiß 2 Lm anschl
1. Rd: 3 fM in die 2. Lm von der Nd aus, 6 fM in Apfel in die gleiche M häkeln = 9 M.

Fertigstellen

Die Beine unausgestopft am Körper festnähen. Die Augen am Kopf annähen und die Pupillen in Schwarz aufsticken. Den Magnet auf der Bauchunterseite festkleben.

Libelle

→ schwirrt durch die Lüfte

MATERIAL
- Schachenmayr Catania in Melone (Fb 235), Mandarine (Fb 209) und Weiß (Fb 106), Reste
- Anchor Sticktwist in Weiß (Fb 01) und Schwarz (Fb 403), Reste
- Häkelnadel Nr. 2,5
- Füllwatte
- einfache Haarspange

Anleitung

Kopf und Körper
in Melone 2 Lm anschl
1. Rd: 5 fM in die 2. Lm von der Nd aus
2. Rd: jede M verd = 10 M
3. Rd: 10 fM häkeln
4. Rd: je 2 M zushäkeln = 5 M, aussstopfen
5. Rd: 5 fM häkeln
6. Rd: jede M verd = 10 M
7.-10. Rd: 10 fM häkeln
11. Rd: 1 fM, 2 M zushäkeln, 4 fM, 2 M zushäkeln, 1 fM = 8 M
12. Rd: 8 fM häkeln
13. Rd: 1 fM, 2 M zushäkeln, 2 fM, 2 M zushäkeln, 1 fM = 6 M
14. Rd: 6 fM häkeln
15. Rd: *1 fM, 2 M zushäkeln, ab * 1x wdh = 4 M
16.-18. Rd: 4 fM häkeln, ausstopfen.

Flügel (4x häkeln)
in Weiß 4 Lm anschl
1.+2. R: 3 fM häkeln
3. R: 1 M verd, 1 fM, 1 M verd = 5 M
4.-9. R: 5 fM häkeln
10. R: 2 M zushäkeln, 1 fM, 2 M zushäkeln = 3 M
11. R: 3 M zushäkeln = 1 M.

Bein (6x häkeln)
in Mandarine 4 Lm häkeln.

Fertigstellen
Die Flügel und die Beine festnähen. Die Augen aufsticken. Die Libelle auf eine Haarspange gleicher Länge kleben.

Tipp: Auch als Brosche sieht die Libelle schön aus.

Eule

→ weise und belesen

Anleitung

Kopf und Körper
in Kaffee 2 Lm anschl
1. Rd: 6 fM in die 2. Lm von der Nd aus
2. Rd: jede M verd = 12 M
3. Rd: jede 2. M verd = 18 M
4. Rd: jede 3. M verd = 24 M
5.-13. Rd: 24 fM häkeln
14. Rd: nur in hintere M-glieder einstechen, dabei jede 3. und 4. M zushäkeln = 18 M
15. Rd: je 2 M zushäkeln = 9 M, ausstopfen, Faden durchziehen.

Augenmaske (2x häkeln)
in Weiß 2 Lm anschl
1. Rd: 6 fM in die 2. Lm von der Nd aus = 6 M
2. Rd: jede M verd = 12 M.

Flügel
(2x oben beginnend häkeln)
in Kaffee 3 Lm anschl
1. R: 2 fM häkeln
2. R: jede M verd = 4 M
3. R: 4 fM häkeln
4. R: 1 M verd, 2 fM, 1 M verd = 6 M
5.+6. R: 6 fM häkeln
7. R: 2 M zushäkeln, 2 fM, 2 M zushäkeln = 4 M
8. R: je 2 M zushäkeln = 2 M.

Schnabel
in Rotbraun 4 Lm anschl, zum Ring schließen
1.+2. Rd: 4 fM häkeln, ausstopfen.

Ohr (2x häkeln)
in Kaffee 4 Lm anschl
1. R: 3 fM häkeln
2. R: 3 M zushäkeln = 1 M.

Fertigstellen
Die Flügel, die Ohren und den Schnabel am Körper festnähen. Die Augenmasken annähen und darauf die Tieraugen befestigen.

GRÖSSE
5 cm

MATERIAL
◆ Schachenmayr Catania in Kaffee (Fb 162), Weiß (Fb 106) und Rotbraun (Fb 210), Reste
◆ Tieraugen in Braun-Schwarz, ø 7 mm
◆ Häkelnadel Nr. 2,5
◆ Füllwatte

Igel

→ kuschelige Stacheln!

GRÖSSE

6 cm

MATERIAL

- Schachenmayr in Kamel (Fb 179), Rest
- Brazilia in Schoko (Fb 10), Rest
- 3 Holzhalbkugeln in Schwarz, ø 3 mm
- Häkelnadel Nr. 2,5
- Füllwatte
- Schlüsselring

Anleitung

Kopf und Körper

in Catania 2 Lm anschl

1. Rd: 4 fM in die 2. Lm von der Nd aus

2. Rd: 1 fM, 2 M verd, 1 fM = 6 M

3. Rd: 2 fM, 2 M verd, 2 fM = 8 M

4 Rd: 3 fM, 2 M verd, 3 fM = 10 M

5. Rd: 4 fM, 2 M verd, 4 fM = 12 M

in Brazilia weiterhäkeln

6. Rd: 4 fM, 4 M verd, 4 fM = 16 M

7. Rd: 5 fM, 1 M verd, 4 fM, 1 M verd, 5 fM = 18 M

8. Rd: 1 fM, *3 fM, 1 M verd, ab * 3x wdh, 1 fM = 22 M

9. Rd: 5 fM, 1 M verd, 10 fM, 1 M verd, 5 fM = 24 M

10.-12. Rd: 24 fM häkeln

13. Rd: jede 5. und 6. M zushäkeln = 20 M

14. Rd: jede 4. und 5. M zushäkeln = 16 M

15. Rd: jede 3. und 4. M zushäkeln = 12 M

16. Rd: jede 2. und 3. M zushäkeln = 8 M, ausstopfen, Faden durchziehen.

Fertigstellen

Holzhalbkugeln als Nase und Augen aufkleben und den Schlüsselring befestigen.

Marienkäfer

→ Glücksbringer

Anleitung

Körper

in Schwarz 2 Lm anschl

1. Rd: 5 fM in die 2. Lm von der Nd aus

2. Rd: 1 M verd, *1 fM, 1 M verd, ab * 1x wdh = 8 M

3. Rd: 2 fM, 4 M verd, 2 fM = 12 M

4. Rd: 3 fM, 6 M verd, 3 fM = 18 M

5. Rd: 3 fM, 1 M verd, 10 fM, 1 M verd, 3 fM = 20 M

6.+7. Rd: 20 fM häkeln

8. Rd: jede 4. und 5. M zushäkeln = 16 M

9. Rd: jede 3. und 4. M zushäkeln = 12 M

10. Rd: jede 2. und 3. M zushäkeln = 8 M, ausstopfen

11. Rd: je 2 M zushäkeln = 4 M.

Flügel (2x häkeln)

in Signalrot 7 Lm anschl und 6 fM häkeln

1. Rd: 3 fM in die 1. M häkeln, 4 fM, 1 M verd, an der Unterseite weiterhäkeln: die 1. M verd, 4 fM, 3 fM in die letzte M häkeln = 18 M

2. Rd: 2 M verd, 14 fM, 2 M verd = 22 M.

Fühler (2x häkeln)

in Schwarz 3 Lm häkeln.

Schlaufe für Schlüsselring

in Schwarz 12 Lm häkeln.

Fertigstellen

Die Fühler am Kopf annähen und die Augen aufsticken. Schwarze Punkte auf die Flügel sticken und die Flügel am Körper festnähen. Die Schlaufe für den Schlüsselring annähen und durch den Schlüsselring ziehen.

GRÖSSE

4 cm

MATERIAL

- Schachenmayr Catania in Schwarz (Fb 110) und Signalrot (Fb 115), Reste
- Anchor Sticktwist in Weiß (Fb 01) und Schwarz (Fb 403), Reste
- Häkelnadel Nr. 2,5
- Füllwatte
- Schlüsselring

WINTERWELT

Die kalorienärmsten Lebkuchen sind die, die man nicht isst! Lebkuchen-Liebhaber heften sie sich gerne mal als schlanke Häkelmagnete warnend an den Kühlschrank oder verschenken damit herzliche Botschaften. Wenn es draußen so bitterkalt ist, machen Sie es sich beim Christbaumschmuck häkeln gemütlich. Diese Winterfiguren wärmen das Herz und versüßen die Adventszeit ganz ohne Dickmacher.

Eskimo

→ **schön warm eingepackt**

Anleitung

Kopf, Oberkörper, Hose und Schuhe

in Kamel 2 Lm anschl

1. Rd: 5 fM in die 2. Lm von der Nd aus

2. Rd: jede M verd = 10 M

3. Rd: jede 2. M verd = 15 M

4. Rd: jede 3. M verd = 20 M

5.+6. Rd: 20 fM häkeln

7. Rd: jede 3. und 4. M zus-häkeln = 15 M

8. Rd: jede 2. und 3. M zus-häkeln = 10 M, ausstopfen

9. Rd: je 2 M zushäkeln = 5 M

für den Oberkörper in Jeans weiterhäkeln

10. Rd: jede M verd = 10 M

11. Rd: jede 2. M verd = 15 M

12. Rd: jede 3. M verd = 20 M

13. Rd: jede 4. M verd = 25 M

14.-18. Rd: 25 fM häkeln

19. Rd: nur in vordere M-glieder in Weiß 25 fM häkeln

für die Hose in Signalrot wei-terhäkeln

19. Rd: nur in hintere M-glieder 25 fM häkeln

20. Rd: 25 fM häkeln, dann die Arbeit für die Hosenbeine tei-len

21. Rd: 13 fM, 2 Lm, dann 1 Km in die 1. fM häkeln = 15 M

22.-24. Rd: 15 fM häkeln

25. Rd: nur in vordere M-glieder in Rosato in Weiß 15 fM häkeln

für den Schuh in Schwarz weiterhäkeln

25. Rd: nur in hintere M-glieder einstechen und 15 fM häkeln

26. Rd: 15 fM häkeln

27. Rd: 5 fM, 2 M zushäkeln, 8 fM = 14 M

28. Rd: 5 fM, 2 M zushäkeln, 7 fM = 13 M

29. Rd: nur in hintere M-glieder einstechen, dabei je 2 M zushäkeln, 1 fM = 7 M

das zweite Hosenbein ab Runde 21 genauso häkeln

Arm (2x häkeln)

in Flamingo 2 Lm anschl

1. Rd: 4 fM in die 2. Lm von der Nd aus

2. Rd: jede 2. M verd = 6 M

3. Rd: nur in vordere M-glie-der in Rosato in Weiß 6 fM häkeln

in Jeans weiterhäkeln

3. Rd: nur in hintere M-glieder 6 fM häkeln

4.-7. Rd: 6 fM häkeln.

Mütze

in Jeans 2 Lm anschl

1. Rd: 6 fM in die 2. Lm von der Nd aus

2. Rd: jede M verd = 12 M

3. Rd: jede 2. M verd = 18 M

4. Rd: jede 3. M verd = 24 M

5. Rd: jede 4. M verd = 30 M

6.+7. Rd: 30 fM häkeln.

Fisch

in Sonne 2 Lm + 1 Wende-Lm anschl

1. Rd: 2 fM am oberen Rand und 2 fM am unteren Rand der Lm-Kette häkeln = 4 M

2. Rd: jede M verd = 8 M

3. Rd: 1 M verd, 2 fM, 2 M verd, 2 fM, 1 M verd = 12 M

4.+5. Rd: 12 fM häkeln

6. Rd: 2 M zushäkeln, 2 fM, 2x 2 M zusammenhäkeln, 2 fM, 2 M zus = 8 M

7. Rd: je 2 M zushäkeln = 4 M, ausstopfen

flach aufeinanderlegen und über vordere und hintere M-glieder gleichzeitig arbeiten

1. R: 2 M verd = 4 M

2. R: 1 M verd, 1 Km, 1 Km, 1 M verd.

Fertigstellen

Die Arme ausstopfen und am Körper festnähen. Die Haare in Schwarz aufsticken und die Mütze darüber annähen. Die Nase mit 5 Stichen in Kamel aufsticken, anschließend den Mund und die Augen aufsti-cken. Das Muster auf den Pull-over sticken. Die Augen auf den Fisch kleben und den Fisch am Arm festnähen.

GRÖSSE

10 cm

MATERIAL

◆ Schachenmayr Catania in Kamel (Fb 179), Jeans (Fb 164), Signal-rot (Fb 115), Fla-mingo (Fb 143), Sonne (Fb 208), und Schwarz (Fb 110), Reste

◆ Schachenmayr Rosato in Weiß (Fb 01), Rest

◆ Anchor Sticktwist in Rot (Fb 46), Schwarz (Fb 403) und Weiß (Fb 01), Reste

◆ 2 Wackelaugen, ø 3 mm

◆ Häkelnadel Nr. 2,5

◆ Füllwatte

Schneemann

→ es schneit, es schneit …

GRÖSSE
9 cm

MATERIAL
- Schachenmayr Catania in Weiß (Fb 106), 50 g
- Schachenmayr Catania in Schwarz (Fb 110) und Hummer (Fb 131), Reste
- Anchor Sticktwist in Schwarz (Fb 403), Rest
- Häkelnadel Nr. 2,5
- Füllwatte

Anleitung

Kopf und Körper
in Weiß 2 Lm anschl
1. Rd: 5 fM in die 2. Lm von der Nd aus
2. Rd: jede M verd = 10 M
3. Rd: jede 2. M verd = 15 M
4. Rd: jede 3. M verd = 20 M
5. Rd: jede 4. M verd = 25 M
6.-8. Rd: 25 fM häkeln
9. Rd: jede 4. und 5. M zus-häkeln = 20 M
10. Rd: jede 3. und 4. M zus-häkeln = 15 M
11. Rd: jede 2. und 3. M zus-häkeln = 10 M
12. Rd: jede 2. M verd = 15 M
13. Rd: jede 3. M verd = 20 M
14. Rd: jede 4. M verd = 25 M
15. Rd: jede 5. M verd = 30 M
16.-19. Rd: 30 fM häkeln
20. Rd: jede 5. und 6. M zus-häkeln = 25 M
21. Rd: jede 4. und 5. M zus-häkeln = 20 M
22. Rd: jede 3. und 4. M zus-häkeln = 15 M
23. Rd: jede 2. und 3. M zus-häkeln = 10 M, ausstopfen
24. Rd: je 2 M zushäkeln = 5 M.

Nase
in Hummer 2 Lm anschl
1. Rd: 5 fM in die 2. Lm von der Nd aus
2. Rd: 5 fM häkeln
3. Rd: 2 M zushäkeln, 1 fM, 2 M zushäkeln = 3 M, Faden durchziehen.

Hut
in Schwarz 2 Lm anschl
1. Rd: 5 fM in die 2. Lm von der Nd aus
2. Rd: jede M verd = 10 M
3. Rd: jede 2. M verd = 15 M
4. Rd: jede 3. M verd = 20 M
5. Rd: nur in hintere M-glie-der einstechen und dabei 20 fM häkeln
6.+7. Rd: 20 fM häkeln
8. Rd: nur in vordere M-glie-der stechen und dabei jede 4. M verd = 25 M
9. Rd: jede 5. M verd = 30 M
10. Rd: jede 6. M verd = 35 M
11. Rd: jede 7. M verd = 40 M.

Arm (2x häkeln)
in Weiß 2 Lm anschl
1. Rd: 4 fM in die 2. Lm von der Nd aus
2. Rd: jede M verd = 8 M
3.-5. Rd: 8 fM häkeln.

Fertigstellen
Die Arme ausstopfen und am Körper festnähen. Den Hut ausstopfen und am Kopf fest-nähen. Die Nase ausstopfen und ins Gesicht nähen. Die Augen mit je 5 Stichen aufsti-cken und die Knöpfe mit je 8 Stichen sticken.

Eisbär

→ **weiß und knuddelig**

GRÖSSE
9 cm

MATERIAL
- Schachenmayr Catania in Weiß (Fb 106), 50 g
- Anchor Stick-twist in Schwarz (Fb 403), Rest
- 2 Holzhalbkugeln in Schwarz, ø 6 mm
- Häkelnadel Nr. 2,5
- Füllwatte

Anleitung

Kopf und Körper

in Weiß 2 Lm anschl

1. Rd: 5 fM in die 2. Lm von der Nd aus
2. Rd: 1 fM, 3 M verd, 1 fM = 8 M
3. Rd: 2 fM, 4 M verd, 2 fM = 12 M
4. Rd: 4 fM, 4 M verd, 4 fM = 16 M
5. Rd: jede 2. M verd = 24 M
6. Rd: 10 fM, 2x 2 M zushäkeln, 10 fM = 22 M
7. Rd: 8 fM, 2 M zushäkeln, 2 fM, 2 M zus-häkeln, 8 fM = 20 M
8. Rd: 7 fM, 2 M zushäkeln, 2 fM, 2 M zushäkeln, 7 fM = 18 M
9. Rd: 2 M zushäkeln, 5 fM, 2x 2 M zus-häkeln, 5 fM, 2 M zushäkeln = 14 M

10. Rd: jede 2. M verd = 21 M
11. Rd: jede 3. M verd = 28 M
12. Rd: 13 fM, 2 M verd, 13 fM = 30 M
13.-19. Rd: 30 fM häkeln
20. Rd: jede 5. und 6. M zushäkeln = 25 M
21. Rd: jede 4. und 5. M zushäkeln = 20 M
22. Rd: jede 3. und 4. M zushäkeln = 15 M
23. Rd: jede 2. und 3. M zushäkeln = 10 M, ausstopfen
24. Rd: je 2 M zushäkeln = 5 M.

Vorderbein (2x häkeln)

in Weiß 2 Lm anschl

1. Rd: 5 fM in die 2. Lm von der Nd aus
2. Rd: 1 M verd, *1 fM, 1 M verd, ab * 1x wdh = 8 M
3.-7. Rd: 8 fM häkeln.

Hinterbein (2x häkeln)

in Weiß 2 Lm anschl

1.-4. Rd: wie das Vorderbein häkeln
5. Rd: 1 M verd, 6 fM, 1 M verd = 10 M
6.-8. Rd: 10 fM häkeln.

Ohr (2x häkeln)

in Weiß 2 Lm anschl

1. Rd: 5 fM in die 2. Lm von der Nd aus
2. Rd: 5 fM häkeln.

Fertigstellen

Die Beine und Ohren ausstopfen und annähen. Als Augen die Holzhalbkugeln aufkleben und die Nase mit Sticktwist aufsticken.

Pinguin

→ immer korrekt gekleidet

MATERIAL
- Schachen-
  mayr Catania
  in Schwarz
  (Fb 110), 50 g
- Schachenmayr
  Catania in Weiß
  (Fb 106) und
  Mandarine
  (Fb 209), Reste
- 2 Wackelaugen,
  ø 5 mm
- Häkelnadel
  Nr. 2,5
- Füllwatte

Anleitung

Körper

in Schwarz 2 Lm anschl
1. Rd: 6 fM in die 2. Lm von der Nd aus
2. Rd: jede M verd = 12 M
3. Rd: jede 2. M verd = 18 M
4.-6. Rd: 18 fM häkeln
7. Rd: 1 fM, 1 M verd, 14 fM, 1 M verd, 1 fM = 20 M
8. Rd: 9 fM, 2 M zushäkeln, 9 fM = 19 M
9. Rd: 9 fM, 1 M verd, 9 fM = 20 M
10.+11. Rd: 20 fM häkeln
12. Rd: 1 fM, 1 M verd, 16 fM, 1 M verd, 1 fM = 22 M
13. Rd: 22 fM häkeln
14. Rd: 1 fM, 1 M verd, 18 fM, 1 M verd, 1 fM = 24 M
15. Rd: 24 fM häkeln
16. Rd: 1 fM, 1 M verd, 20 fM, 1 M verd, 1 fM = 26 M
17. Rd: 26 fM häkeln
18. Rd: nur in hintere M-glieder stechen, dabei jede 4. und 5. M zushäkeln, 1 fM = 21 M
19. Rd: jede 3. und 4. M zushäkeln, 1 fM = 16 M
20. Rd: jede 2. und 3. M zushäkeln, 1 fM = 11 M, ausstopfen
21. Rd: je 2 M zushäkeln, 1 fM = 6 M, Faden durchziehen = 5 M.

Schnabel

in Mandarine 3 Lm anschl
1. Rd: 2 fM am oberen und 2 fM am unteren Rand der Lm-Kette häkeln = 4 M
2.-4. Rd: 4 fM häkeln.

Schwanz

in Schwarz 4 Lm anschl
1.+2. R: 3 fM häkeln
3. R: 3 M zushäkeln = 1 M.

Bauchfleck

in Weiß 3 Lm anschl
1. R: 2 fM häkeln
2. R: 2 M verd = 4 M
3. R: 4 fM häkeln
4. R: 1 M verd, 2 fM, 1 M verd = 6 M
5. R: 6 fM häkeln
6. R: 2 M zushäkeln, 2 fM, 2 M zushäkeln = 4 M
7. R: 4 fM häkeln
8. R: 2x 2 M zushäkeln = 2 M.

Flügel (2x häkeln)

in Schwarz 3 Lm anschl
1. R: 2 fM häkeln
2. R: 2 M verd = 4 M
3. R: 4 fM häkeln
4. R: 1 M verd, 2 fM, 1 M verd = 6 M
5. R: 6 fM häkeln
6. R: 2 M zushäkeln, 2 fM, 2 M zushäkeln = 4 M
7. R: 4 fM häkeln
8. R: 2x 2 M zushäkeln = 2 M
9. R: 2 fM häkeln
10. R: 2 M zushäkeln = 1 M.

Fuß (2x häkeln)

in Mandarine 3 Lm anschl
1. Rd: 2 fM am oberen Rand und 2 fM am unteren Rand der Lm-Kette häkeln = 4 M
2. Rd: 4 fM häkeln
3. Rd: jede M verd = 8 M
4.+5. Rd: 8 fM häkeln
6. Rd: 1 fM, 2 M zushäkeln, 2 fM, 2 M zushäkeln, 1 fM = 6 M, nicht ausstopfen.

Fertigstellen

Den Schnabel ausstopfen und annähen. Die Füße annähen. Den Schwanz, die Flügel (mit der Spitze nach unten) und den Bauchfleck festnähen. Die Augen aufkleben.

Engel mit Herz

→ für alle, die uns am Herzen liegen

GRÖSSE
9 cm

MATERIAL
- Schachenmayr Catania in Pink (Fb 223) und Weinrot (Fb 192), 50 g
- Schachenmayr Catania in Natur (Fb 105) und Weiß (Fb 106), Reste
- Anchor Artiste Metallic in Gold (Fb 300), Rest
- Anchor Sticktwist in Pink (Fb 907), Blau (Fb 512), Rot (Fb 120) und Grün (Fb 924), Reste
- Häkelnadel Nr. 2,5
- Füllwatte

Anleitung

Kopf und Körper

in Natur 2 Lm anschl
1. **Rd:** 5 fM in die 2. Lm von der Nd aus
2. **Rd:** jede M verd = 10 M
3. **Rd:** jede 2. M verd = 15 M
4. **Rd:** jede 3. M verd = 20 M
5.+6. **Rd:** 20 fM häkeln
7. **Rd:** jede 3. und 4. M zushäkeln = 15 M
8. **Rd:** jede 2. und 3. M zushäkeln = 10 M, ausstopfen
9. **Rd:** je 2 M zushäkeln = 5 M
in Pink bzw. Weinrot weiterhäkeln
10. **Rd:** 5 fM häkeln
11. **Rd:** 1 M verd, *1 fM, 1 M verd, ab * 1x wdh = 8 M
12. **Rd:** jede 2. M verd = 12 M
13. **Rd:** 12 fM häkeln
14. **Rd:** jede 3. M verd = 16 M
15.+16. **Rd:** 16 fM häkeln
17. **Rd:** jede 4. M verd = 20 M
18.+19. **Rd:** 20 fM häkeln
20. **Rd:** jede 5. M verd = 24 M
21.+22. **Rd:** 24 fM häkeln
23. **Rd:** jede 6. M verd = 28 M
24.+25. **Rd:** 28 fM häkeln
26 **Rd:** nur in das hintere M-glied stechen, dabei jede 3. und 4. M zushäkeln = 21 M
27. **Rd:** jede 2. und 3. M zushäkeln = 14 M
28. **Rd:** je 2 M zushäkeln = 7 M, ausstopfen
29. **Rd:** je 2 M zushäkeln, 1 fM = 4 M, Faden durchziehen.

Arm (2x häkeln)

in Natur 2 Lm anschl
1. **Rd:** 4 fM in die 2. Lm von der Nd aus
in Pink bzw. Weinrot weiterhäkeln
2. **Rd:** *1 fM, 1 M verd, ab * 1x wdh = 6 M
3.-7. **Rd:** 6 fM häkeln.

Flügel

in Weiß 7 Lm anschl
1. **R:** 6 fM häkeln
2. **R:** 1 M verd, 4 fM, 1 M verd = 8 M
3. **R:** 1 M verd, 6 fM, 1 M verd = 10 M
4. **R:** 1 M verd, 8 fM, 1 M verd = 12 M
5. **R:** 1 M verd, 10 fM, 1 M verd = 14 M
6. **R:** die Arbeit teilen: 7 fM, wenden = 7 M
7. **R:** 2 M zushäkeln, 4 fM, 1 M verd = 7 M
8. **R:** 7 fM häkeln
9. **R:** 2 M zushäkeln, 5 fM = 6 M
10. **R:** 2 M zushäkeln, 2 fM, 2 M zushäkeln = 4 M
11. **R:** je 2 M zushäkeln = 2 M
die andere Hälfte ab der Mitte 6. R gegengleich beenden:
6. **R:** 7 fM, wenden
7. **R:** M verd, 4 fM, 2 M zushäkeln = 7 M
8. **R:** 7 fM häkeln
9. **R:** 5 fM, 2 M zushäkeln = 6 M
10. **R:** 2 M zushäkeln, 2 fM, 2 M zushäkeln = 4 M
11. **R:** je 2 M zushäkeln = 2 M.

Herz

in Weinrot 2 Lm anschl
1. **Rd:** in die 2. Lm von der Nadel aus *1 fM, 2 Lm häkeln, ab * 2x wdh
2. **Rd:** in den 1. Lm-Bogen 1 fM, 1 Stb, 1 DStb, 1 Stb, 1 Km; in den 2. Lm-Bogen 1 Km, 1 Stb, 1 DStb, 1 Stb, 1 Km; in die untere Spitze 1 fM, in die nächste M 1 Km, 1 Km in die 1. fM.

Fertigstellen

Die Arme ausstopfen, am Körper festnähen, dann zusammennähen und das Herz befestigen. Die Haare in Gold anknüpfen und das Gesicht aufsticken.

Nikolaus mit Sack

→ ... und Pack

GRÖSSE
13 cm

MATERIAL
- Schachenmayr Catania in Weinrot (Fb 192), 50 g
- Schachenmayr Catania in Natur (Fb 105) und Kaffee (Fb 162), Reste
- Schachenmayr Rosato in Weiß (Fb 01), Rest
- Anchor Sticktwist in Braun (Fb 371) und Rot (Fb 47), Reste
- Häkelnadel Nr. 2,5
- Füllwatte

Anleitung

Kopf und Körper
in Natur 2 Lm anschl
1. Rd: 5 fM in die 2. Lm von der Nd aus
2. Rd: jede M verd = 10 M
3. Rd: jede 2. M verd = 15 M
4. Rd: jede 3. M verd = 20 M
5.+6. Rd: 20 fM häkeln
7. Rd: jede 3. und 4. M zushäkeln = 15 M
8. Rd: jede 2. und 3. M zushäkeln = 10 M, ausstopfen
9. Rd: je 2 M zushäkeln = 5 M
in Weinrot weiterhäkeln
10. Rd: 5 M häkeln
11. Rd: 1 M verd, *1 fM, 1 M verd, ab * 1x wdh = 8 M
12. Rd: jede 2. M verd = 12 M
13. Rd: 12 fM häkeln
14. Rd: jede 3. M verd = 16 M
15.+16. Rd: 16 fM häkeln
17. Rd: jede 4. M verd = 20 M
18.+19. Rd: 20 fM häkeln
20. Rd: jede 5. M verd = 24 M
21.+22. Rd: 24 fM häkeln
23. Rd: jede 6. M verd = 28 M
24.+25. Rd: 28 fM häkeln
26. Rd: nur in hintere M-glieder einstechen, dabei jede 3. und 4. M zushäkeln = 21 M
27. Rd: jede 3. und 4. M zushäkeln, 1 fM = 16 M
28. Rd: jede 3. und 4. M zushäkeln = 12 M, ausstopfen
29. Rd: je 2 M zushäkeln = 6 M.

Arm (2x häkeln)
in Natur 2 Lm anschl
1. Rd: 4 fM in die 2. Lm von der Nd aus
2. Rd: *1 fM, 1 M verd, ab * 1x wdh = 6 M
3. Rd: in Rosato 6 fM häkeln
4.-7. Rd: in Weinrot 6 fM häkeln.

Mütze
in Weiß 22 Lm anschl, zum Ring schließen
1. Rd: 22 fM häkeln
in Weinrot weiterhäkeln
2.-4. Rd: 22 fM häkeln
5. Rd: 3 fM, 2 M zushäkeln, 4 fM, 2 M zushäkeln, 3 fM, 2 M zushäkeln, 4 fM, 2 M zushäkeln = 18 M
6. Rd: 18 fM häkeln
7. Rd: 2 fM, 2 M zushäkeln, 3 fM, 2 M zushäkeln, 2 fM, 2 M zushäkeln, 3 fM, 2 M zushäkeln = 14 M
8. Rd: 14 fM häkeln
9. Rd: 1 fM, 2 M zushäkeln, 2 fM, 2 M zushäkeln, 1 fM, 2 M zushäkeln, 2 fM, 2 M zushäkeln = 10 M
10. Rd: 10 fM häkeln
11. Rd: 2 M zushäkeln, 1 fM, 2x 2 M zushäkeln, 1 fM, 2 M zushäkeln = 6 M
12. Rd: 6 fM häkeln
in Weiß den Pompon häkeln
13. Rd: 6 fM häkeln
14. Rd: jede M verd = 12 M
15. Rd: je 2 M zushäkeln = 6 M, ausstopfen.

Sack
in Kaffee 2 Lm anschl
1. Rd: 6 fM in die 2. Lm von der Nd aus
2 Rd: jede M verd = 12 M
3. Rd: jede 2. M verd = 18 M
4. Rd: nur in hintere M-glieder 18 fM häkeln
5.-12. Rd: 18 fM häkeln
13. Rd: 1 fM, 2 Lm, usw., ausstopfen
Wollfaden durch die 10. Rd ziehen und zur Schleife binden.

Bart
in Weiß 10 Lm anschl
1.+2. R: 9 fM häkeln
3. R: 2 M zushäkeln, 5 fM, 2 M zushäkeln = 7 M
4. R: 7 fM häkeln
5. R: 2 M zushäkeln, 3 fM, 2 M zushäkeln = 5 M
6.+7. R: 5 fM häkeln
8. R: 2 M zushäkeln, 1 fM, 2 M zushäkeln = 3 M
9. R: 3 fM häkeln
10. R: 3 M zushäkeln = 1 M.

Fertigstellen
Die Arme ausstopfen und am Körper festnähen. Die Mütze leicht ausstopfen und am Kopf festnähen. Augen und Mund aufsticken. Den Sack am Arm befestigen und den Bart annähen.

Rentier

→ treuer Gefährte

Anleitung

siehe Zebra S. 8

Körper, Ohren, Vorder- und Hinterbeine

in Kaffee häkeln

Vorderbeine

1.+2. Rd: in Schwarz häkeln
3.-9. Rd: in Kaffee weiterhäkeln.

Hinterbein

1.+2. Rd: in Schwarz häkeln
3.-9. Rd: in Kaffee weiterhäkeln.

Elchgeweih (2x häkeln)

in Schwarz 6 Lm anschl
1. R: 5 fM häkeln
2.+3. R: 5 fM häkeln
4. R: 1 fM, 3 M zushäkeln, 1 fM = 3 M
5. R: 3 fM häkeln
6. R: 3 M zushäkeln = 1 M
7. R: 1 M verd = 2 M
8.-11. R: 2 fM häkeln
12. R: 1 fM, 1 M verd = 3 M
13.+14. R: 3 fM häkeln.

Geweihspitzen

(8x häkeln)
in Schwarz 4 Lm anschl und 3 fM häkeln.

Schwanz

in Kaffee 5 Lm anschl und 4 fM häkeln.

Fertigstellen

Die Beine ausstopfen und am Körper festnähen. Das Geweih von Reihe 7 bis Reihe 14 an der Längsseite zusammennähen und am Kopf befestigen. Pro Seite 4 Geweihspitzen daran festnähen. Die Ohren und den Schwanz annähen. Die Augen mit Sticktwist aufsticken.

GRÖSSE

9 cm

MATERIAL

◆ Schachenmayr Catania in Kaffee (Fb 162), 50 g
◆ Schachenmayr Catania in Schwarz (Fb 110), Rest
◆ Anchor Sticktwist in Weiß (Fb 01) und Schwarz (Fb 403), Reste
◆ Häkelnadel Nr. 2,5
◆ Füllwatte

Christbaumengel

→ nostalgischer Baumschmuck

GRÖSSE

8 cm

MATERIAL

◆ Schachenmayr
Catania in Weiß
(Fb 106), Wein-
rot (Fb 192) und
Natur (Fb 105),
Reste

◆ Anchor Artiste
Metallic in Sil-
ber (Fb 301)
und Gold
(Fb 300), Reste

◆ Anchor
Sticktwist in
Rot (Fb 906),
Blau (Fb 968)
und Grün
(Fb 719), Reste

◆ Häkelnadel
Nr. 2,5

◆ Füllwatte

Anleitung

Kopf und Kleid

in Natur 2 Lm anschl

1. Rd: 5 fM in die 2. Lm von der
Nd aus

2. Rd: jede M verd = 10 M

3. Rd: jede 2. M verd = 15 M

4. Rd: jede 3. M verd = 20 M

5.+6. Rd: 20 fM häkeln

7. Rd: jede 3. und 4. M zushäkeln = 15 M

8. Rd: jede 2. und 3. M zushäkeln = 10 M, ausstopfen

9. Rd: je 2 M zushäkeln = 5 M
in Weiß bzw. Weinrot weiterhäkeln

10. Rd: in jede M 3 fM häkeln
= 15 M

11. Rd: jede 5. M verd = 18 M

12. Rd: 18 fM häkeln

13. Rd: jede 3. M verd = 24 M

14.+15. Rd: 24 fM häkeln

16. Rd: jede 4. M verd = 30 M

17.+18. Rd: 30 fM häkeln

19. Rd: jede 5. M verd = 36 M

20.+21. Rd: 36 fM häkeln

22. Rd: in Silber bzw. Gold je
1 fM und 2 Lm im Wechsel
häkeln.

Mütze

in Weiß bzw. Weinrot 2 Lm
anschl

1. Rd: 6 fM in die 2. Lm von der
Nd aus

2. Rd: jede M verd = 12 M

3. Rd: jede 2. M verd = 18 M

4. Rd: jede 3. M verd = 24 M

5. Rd: 24 fM häkeln

6. Rd: in Silber bzw. Gold 24 fM
häkeln.

Arm (2x häkeln)

in Natur 2 Lm anschl

1. Rd: 5 fM in die 2. Lm von der
Nd aus

2. Rd: 5 fM häkeln

in Weiß bzw. Weinrot weiterhäkeln

3.-6. Rd: 5 fM häkeln.

Flügel

in Silber bzw. Gold 4 Lm anschl

1. R: in die 2. M 3 fM, in die 3. M
3 fM, in die 4. M 3 fM = 9 M

2.+3. R: 9 fM häkeln

4. R: 1 M verd, 7 fM, 1 M verd
= 11 M

5. R: 11 fM häkeln

6. R: 5 fM häkeln, wenden

7.-9. R: 5 fM häkeln

10. R: 2 M zushäkeln, 1 fM, 2 M
zushäkeln = 3 M

11. R: 3 fM häkeln

12. R: 3 M zushäkeln = 1 M
die andere Hälfte gegengleich
arbeiten

6. R: die mittlere M übergehen,
5 fM = 5 M

7.-9. R: 5 fM häkeln

10. R: 2 M zushäkeln, 1 fM, 2 M
zushäkeln = 3 M

11. R: 3 fM häkeln

12. R: 3 M zushäkeln = 1 M.

Fertigstellen

Die Arme ausstopfen und am
Körper festnähen. Die Mütze
und die Flügel annähen.
Augen und Mund aufsticken.

Vier Herzensengel
→ singen im Chor

GRÖSSE
6,5 cm

MATERIAL
- Schachenmayr Catania in Hellblau (Fb 173), Orchidee (Fb 222), Pink (Fb 223), Natur (Fb 105) und Weiß (Fb 106), Reste
- kleine Herzsteinchen, ø 6 mm
- Häkelnadel Nr. 2,5

Anleitung

Kopf
in Natur 4 Lm anschl und 11 Stb in die 4. M häkeln.

Körper
in Hellblau, Orchidee, Weiß bzw. Pink weiterhäkeln
1. R: 3 fM häkeln, wenden
2. R: 3 fM häkeln
3. R: 1 M verd, 1 fM, 1 M verd = 5 M
4. R: 5 fM häkeln
5. R: 1 M verd, 3 fM, 1 M verd = 7 M
6. R: 7 fM häkeln
7. R: 1 M verd, 5 fM, 1 M verd = 9 M
8. R: 9 fM häkeln
9. R: 1 M verd, 7 fM, 1 M verd = 11 M
10. R: 11 fM häkeln
11. R: 1 M verd, 9 fM, 1 M verd = 13 M
12. R: 13 fM häkeln
13. R: 2 M übergehen, in die 3. M 4 Stb, 1 M übergehen, 1 Km, 1 M übergehen, in die 7. M 4 Stb, 1 M übergehen, 1 Km, 1 M übergehen, in die 11. M 4 Stb, 1 M übergehen, 1 Km.

Flügel
in Weiß 6 Lm anschl
1. R: 5 fM häkeln
2. R: 4 fM, 1 M verd = 6 M
3. R: 6 fM häkeln
4. R: 5 fM, 1 M verd = 7 M
5. R: 3 fM, 1 M verd, 3 fM = 8 M
6. R: keine Wende-Lm, 1 M übergehen, in die 2. M 4 Stb, 1 M übergehen, 1 Km, 1 M übergehen, in die 6. M 4 Stb, 1 M übergehen, 1 Km.

den anderen Flügel gegengleich häkeln, dazu in Weiß 6 Lm anschl
1. R: 5 fM häkeln
2. R: 1 M verd, 4 fM = 6 M
3. R: 6 fM häkeln
4. R: 1 M verd, 5 fM = 7 M
5. R: 3 fM, 1 M verd, 3 fM = 8 M
6. R: keine Wende-Lm, 1 M übergehen, in die 2. M 4 Stb, 1 M übergehen, 1 Km, 1 M übergehen, in die 6. M 4 Stb, 1 M übergehen, 1 Km.

Heiligenschein
in Gold 12 Lm häkeln.

Fertigstellen
Die Flügel und den Heiligenschein festnähen. Die Herzsteinchen aufkleben.

Lebkuchenmännchen & Herz

→ magnetisch, praktisch, liebevoll

Lebkuchenmännchen

Kopf, Körper und Arme

in Kamel 2 Lm anschl

1. Rd: 6 fM in die 2. Lm von der Nd aus
2. Rd: jede M verd = 12 M
3. Rd: jede 2. M verd = 18 M, Arbeit beenden
4. R: 6 Lm neu anschl, 4 fM in die mittleren 4 Kopfmaschen, 7 Lm
5. R: 6 fM, 4 fM, 6 fM = 16 M
6. R: 1 M verd, 14 fM, 1 M verd = 18 M
7. R: 18 fM häkeln
8. R: 2 M zushäkeln, 14 fM, 2 M zushäkeln = 16 M
9. R: 5 Km, 1 Lm, 6 fM = 6 M
10. R: 1 M verd, 4 fM, 1 M verd = 8 M
11. R: 8 fM häkeln
12. R: 1 M verd, 6 fM, 1 M verd = 10 M.

1.Bein

13. R: 1 M verd, 4 fM, Arbeit teilen = 6 M
14. R: 2 M zushäkeln, 4 fM = 5 M
15. R: 1 M verd, 2 fM, 2 M zushäkeln = 5 M

16. R: 2 M zushäkeln, 1 fM, 2 M zushäkeln = 3 M
17. R: 3 fM häkeln
18. R: 3 M zushäkeln = 1 M.

2. Bein

13. R: in der Mitte beginnen, 4 fM, 1 M verd = 6 M
14. R: 4 fM, 2 M zushäkeln = 5 M
15. R: 2 M zushäkeln, 2 fM, 1 M verd = 5 M
16. R: 2 M zushäkeln, 1 fM, 2 M zushäkeln = 3 M
17. R: 3 fM häkeln
18. R: 3 M zushäkeln = 1 M.

Fertigstellen

Die Arbeit am Rand umsticken. Gesicht und Knöpfe aufsticken. Einen Magneten auf der Rückseite befestigen.

Herz

in Kamel 2 Lm anschl

1. R: 1 fM in die 2. Lm von der Nd aus
2. R: 1 M verd = 2 M
3. R: 2 M verd = 4 M
4. R: 1 M verd, 2 fM, 1 M verd = 6 M
5. R: 1 M verd, 4 fM, 1 M verd = 8 M
6. R: 1 M verd, 6 fM, 1 M verd = 10 M
7. R: 1 M verd, 8 fM, 1 M verd = 12 M
8.-10. R: 12 fM häkeln
die Arbeit teilen
11. R: 6 fM häkeln, wenden
12. R: 2 M zushäkeln, 2 fM, 2 M zushäkeln = 4 M
13. R: 4 fM häkeln
14. R: je 2 M zushäkeln = 2 M
für die andere Hälfte ab Mitte der 11. R
11.-14. R wdh.

Fertigstellen

Die Arbeit am Rand umsticken und den Gruß aufsticken. Einen Magneten auf der Rückseite befestigen.

GRÖSSE

Lebkuchenmännchen 8 cm
Herz 4,5 cm

MATERIAL

◆ Schachenmayr Catania in Kamel (Fb 179) und Weiß (Fb 106), Reste
◆ Häkelnadel Nr. 2,5
◆ Magnete

WASSERWELT

Ein ganzer Fischschwarm als Mobile und vieles meer tummelt sich in diesem Kapitel. Für Meeresfrüchtchen, Wasserratten, Freischwimmer, Meerjungfrauen und mutige Piraten. Im Badezimmer macht sogar der Hai mit seinen scharfen Zähnen nicht vor der Zahnbürste halt, das Seepferdchen ergänzt das maritime Ambiente und die gute Qualle passt auf den Schlüssel auf – so hat jedes Wasserwesen auch an Land seine Aufgabe.

Delfin

→ für Wasserratten

Anleitung

Körper

in Pool 2 Lm anschl

1. Rd: 4 fM in die 2. Lm von der Nd aus

2. Rd: 1 fM, 2 M verd, 1 fM = 6 M

3. Rd: 2 fM, 2 M verd, 2 fM = 8 M

4. Rd: 2 fM, 4 M verd, 2 fM = 12 M

5. Rd: 4 fM, 4 M verd, 4 fM = 16 M

6. Rd: 6 fM, 1 M verd, 2 fM, 1 M verd, 6 fM = 18 M

7.+8. Rd: 18 fM häkeln

9. Rd: 1 M verd, 16 fM, 1 M verd = 20 M

10. Rd: 1 M verd, 18 fM, 1 M verd = 22 M

11. Rd: 1 fM, 1 M verd, 6 fM, 2 M zushäkeln, 2 fM, 2 M zushäkeln, 6 fM, 1 M verd, 1 fM = 22 M

12. Rd: 22 fM häkeln

13. Rd: 1 fM, 1M verd, 18 fM, 1 M verd, 1 fM = 24 M

14. Rd: 1 fM, 1 M verd, 7 fM, 2 M zushäkeln, 2 fM, 2 M zushäkeln, 7 fM, 1 M verd, 1 fM = 24 M

15.+16. Rd: 24 fM häkeln

17. Rd: 1 fM, 1 M verd, 7 fM, 2 M zushäkeln, 2 fM, 2 M zushäkeln, 7 fM, 1 M verd, 1 fM = 24 M

18. Rd: 24 fM häkeln

19. Rd: 9 fM, 2 M zushäkeln, 2 fM, 2 M zushäkeln, 9 fM = 22 M

20. Rd: 8 fM, 3x 2 M zushäkeln, 2 fM, 2 M zushäkeln, 8 fM = 20 M

21. Rd: 1 fM, 1 M verd, 16 fM, 1 M verd, 1 fM = 22 M

22. Rd: 8 fM, 2 M zushäkeln, 2 fM, 2 M zushäkeln, 8 fM = 20 M

23. Rd: 1 fM, 1 M verd, 16 fM, 1 M verd, 1 fM = 22 M

24. Rd: 1 M verd, 7 fM, 3x 2 M zushäkeln, 2 fM, 2 M zushäkeln, 7 fM, 1 M verd = 22 M

25. Rd: 8 fM, 2 M zushäkeln, 2 fM, 2 M zushäkeln, 8 fM = 20 M

26. Rd: 1 M verd, 5 fM, 4x 2 M zushäkeln, 5 fM, 1 M verd = 18 M

27. Rd: 6 fM, 2 M zushäkeln, 2 fM, 2 M zushäkeln, 6 fM = 16 M

28. Rd: 5 fM, 2 M zushäkeln, 2 fM, 2 M zushäkeln, 5 fM = 14 M

29. Rd: 4 fM, 2 M zushäkeln, 2 fM, 2 M zushäkeln, 4 fM = 12 M

30. Rd: 3 fM, 3x 2 M zushäkeln, 3 fM = 9 M

31. Rd: 3 Km in die nächsten 3 M, ausstopfen.

Schwanzflosse

Die Arbeit doppelt mit der Naht nach unten aufeinanderlegen, gleichzeitig durch vordere und hintere M-glieder arbeiten

1. R: 4 fM häkeln

2. R: 1 M verd, 2 fM, 1 M verd = 6 M

3. R: 6 fM häkeln

4. R: 1 M verd, 4 fM, 1 M verd = 8 M

5. R: 8 fM häkeln

6. R: 1 M verd, 1 fM, 2 M zushäkeln, wenden, 2 M zushäkeln, 2 fM, wenden, 1 fM, 2 M zushäkeln = 2 M

weiter ab der Mitte der 6. R häkeln, dabei 2 M zushäkeln, 1 fM, 1 M verd, wenden, 2 fM, 2 M zushäkeln, wenden, 2 M zushäkeln, 1 fM = 2 M.

Seiten- und Rückenflosse (3x häkeln)

in Pool 2 Lm anschl

1. R: 1 fM in die 2. Lm von der Nd aus

2. R: 1 M verd = 2 M

3. R: 2 M verd = 4 M

4. R: 4 fM häkeln

5. R: 1 M verd, 3 fM = 5 M

6. R: 5 fM häkeln

7. R: 1 M verd, 2 fM, 2 M zushäkeln = 5 M

8. R: 2 M zushäkeln, 3 fM = 4 M.

Fertigstellen

Rückenflosse und Seitenflossen annähen und die Augen aufsticken.

GRÖSSE

13,5 cm

MATERIAL

◆ Schachenmayr Catania in Pool (Fb 165), 50 g

◆ Anchor Sticktwist in Schwarz (Fb 403), Rest

◆ Häkelnadel Nr. 2,5

◆ Füllwatte

Fischschwarm

→ exotisch und bunt für die Allerkleinsten

GRÖSSE

bunte Fische 6 cm
Breitmaulfisch 7,5 cm

MATERIAL

◆ Häkelnadel Nr. 2,5
◆ Füllwatte
◆ durchsichtiges Perlongarn
◆ wasserfester Stift in Schwarz
◆ Mobilekreuz
◆ pro Fisch 2 Holzperlen in
  Weiß, ø 4 mm

**ORANGE-WEISSER
FISCH**

◆ Schachenmayr Catania in
  Weiß (Fb 106) und Mandarine (Fb 209), Reste

**GRÜN GESTREIF-
TER FISCH**

◆ Schachenmayr Catania in
  Apfel (Fb 205) und Birke
  (Fb 219), Reste

BLAUER FISCH

◆ Schachenmayr Catania in
  Pfau (Fb 146), Rest

**LILA GESTREIFTER
FISCH**

◆ Schachenmayr Catania in
  Flieder (Fb 226) und Violett
  (Fb 113), Reste

HELLBLAUER FISCH

◆ Schachenmayr Catania in
  Hellblau (Fb 173), Rest

BREITMAULFISCH

◆ Schachenmayr Catania
  in Sonne (Fb 208) und
  Hummer (Fb 131), Reste
◆ 2 Holzperlen in Orange,
  ø 6 mm

Kleine Fische

Bei den gestreiften Fischen mit dem helleren Farbton beginnen, immer abwechselnd
1 Rd pro Farbe. Die Flossen ebenfalls im
helleren Farbton arbeiten.
in der jeweiligen Farbe 2 Lm anschl

1. Rd: 5 fM in die 2. Lm von der Nd aus

2. Rd: jede M verd = 10 M

3. Rd: jede 2. M verd = 15 M

4.-8. Rd: 15 fM häkeln

9. Rd: jede 4. und 5. M zushäkeln = 12 M

10. Rd: jede 3. und 4. M zushäkeln = 9 M

11. Rd: jede 2. und 3. M zushäkeln = 6 M,
ausstopfen
in die nächsten 2 fM je 1 Km, dann die Arbeit
doppelt aufeinanderlegen mit der Naht
nach unten, gleichzeitig durch vordere und
hintere M-glieder arbeiten.

Schwanzflosse

1. R: 3 fM häkeln

2. R: 1 M verd, 1 fM, 1 M verd = 5 M

3. R: 1 M verd, 3 fM, 1 M verd = 7 M

4. R: *3 Lm, 1 Km, ab * 1x wdh, je 1 Km in
die nächsten 3 M, *3 Lm, 1 Km, ab * 1x wdh.

Seitenflosse (2x häkeln)

3 Lm anschl

1. R: 2 fM häkeln

2. R: *3 Lm, 1 Km, ab * 1x wdh.

Fertigstellen

Flossen an die Seiten nähen. Die Holzkugeln
als Augen annähen, mit wasserfestem Stift
Pupillen aufmalen.

Breitmaulfisch

Maul und Körper

in Sonne 16 Lm anschl und zum Ring
schließen

1.+2. Rd: 16 fM häkeln

3. Rd: 2 fM, 2x 2 M zushäkeln, 4 fM, 2x 2 M
zushäkeln, 2 fM = 12 M

4. Rd: 12 fM häkeln

5. Rd: jede 3. M verd = 16 M

6. Rd: jede 4. M verd = 20 M

7. Rd: jede 5. M verd = 24 M

in Hummer weiterhäkeln

8.-12. Rd: 24 fM häkeln

13. Rd: jede 5. und 6. M zushäkeln = 20 M

14. Rd: jede 4. und 5. M zushäkeln = 16 M

15. Rd: jede 3. und 4. M zushäkeln = 12 M

16. Rd: jede 2. und 3. M zushäkeln = 8 M,
ausstopfen
in die nächsten beiden Maschen je 1 Km
häkeln.

Schwanzflosse

Die Arbeit doppelt aufeinanderlegen mit
der Naht nach unten, gleichzeitig durch
vordere und hintere M-glieder in Hummer
weiterhäkeln.

1. R: 4 fM häkeln

2. Rd: 4 fM durch die oberen M-glieder und
4 fM durch die unteren häkeln = 8 M

3. Rd: jede M verd = 16 M

4. Rd: jede M verd = 32 M

5. Rd: jede M verd = 64 M

6. Rd: 64 fM häkeln.

Seitenflosse (2x häkeln)

in Sonne 5 Lm anschl

1. R: 4 fM häkeln

2.+3. Rd 4 fM häkeln

4. R: *3 Lm, 1 fM, ab * 3x wdh.

Rückenflosse

in Sonne 7 Lm anschl

1. R: 6 fM häkeln

2. R: 1 M verd, 4 fM, 1 M verd = 8 M

3. R: 8 fM häkeln

4. R: *3 Lm, 1 fM, ab * 7x wdh.

Fertigstellen

Den Körper mit der Naht nach unten ausstopfen. Das Maul flach aufeinanderlegen
und an der schmalsten Stelle (4.-5. R)
zusammennähen. Die Seitenflossen und
Rückenflosse annähen. Die Holzperlen für
die Augen annähen und mit einem schwar-
zen Stift Pupillen aufmalen.

Robbe
→ quietschfidel

GRÖSSE
14 cm lang

MATERIAL
- Schachenmayr Catania in Silber (Fb 172), 50 g
- Wollpompon in Schwarz, ø 6 mm
- Anchor Sticktwist in Schwarz (Fb 403) und Weiß (Fb 01), Reste
- Häkelnadel Nr. 2,5
- Füllwatte

Anleitung

Körper

In Silber 2 Lm anschl

1. Rd: 5 fM in die 2. Lm von der Nd aus
2. Rd: 1 M verd, *1 fM, 1 M verd, ab * 1x wdh = 8 M
3. Rd: 8 fM häkeln
4. Rd: 3 fM, 2 M verd, 3 fM = 10 M
5. Rd: 1 M verd, 2 fM, 4 M verd, 2 fM, 1 M verd = 16 M
6. Rd: 5 fM, 6 M verd, 5 fM = 22 M
7. Rd: 1 M verd, 20 fM, 1 M verd = 24 M
8. Rd: 1 M verd, 9 fM, 2x 2 M zushäkeln, 9 fM, 1 M verd = 24 M
9. Rd: 24 fM häkeln
10. Rd: 1 M verd, 8 fM, 3x 2 M zushäkeln, 8 fM, 1 M verd = 23 M
11. Rd: 2 M verd, 9 fM, 2 M zushäkeln, 8 fM, 2 M verd = 26 M
12. Rd: 2 M verd, 8 fM, 2 M zushäkeln, 2 fM, 2 M zushäkeln, 8 fM, 2 M verd = 28 M
13. Rd: 12 fM, 2x 2 M zushäkeln, 12 fM = 26 M
14. Rd: 26 fM häkeln
15. Rd: 11 fM, 2x 2 M zushäkeln, 11 fM = 24 M
16. Rd: 5 fM, 1 M verd, 12 fM, 1 M verd, 5 fM = 26 M
17. Rd: 6 fM, 1 M verd, 12 fM, 1 M verd, 6 fM = 28 M
18. Rd: 28 fM häkeln
19. Rd: 6 fM, 1 M verd, 14 fM, 1 M verd, 6 fM = 30 M
20.-22. Rd: 30 fM häkeln
23. Rd: jede 5. und 6. M zushäkeln = 25 M
24.+25. Rd: 25 fM häkeln
26. Rd: jede 4. und 5. M zushäkeln = 20 M
27.+28. Rd: 20 fM häkeln
29. Rd: jede 3. und 4. M zushäkeln = 15 M
30.+31. Rd: 15 fM häkeln, ausstopfen.

Schwanzflosse

Arbeit doppelt mit der Naht nach unten aufeinanderlegen, dann Km bis zum rechten Rand der Arbeit häkeln. Die Flosse häkeln und dabei gleichzeitig durch vordere und hintere M-glieder arbeiten.

1.-4. R: 5 fM häkeln
5. R: 1 fM, 2 M zushäkeln, wenden, 2 fM, wenden, 3 Lm, 1 Km, 3 Lm, 1 Km.
Mit neuem Faden ab der Mitte der 5. R beginnen, dabei 2 M zushäkeln, 1 fM, wenden, 2 fM, wenden, 3 Lm, 1 Km, 3 Lm, 1 Km.

Seitenflosse (2x häkeln)

in Silber 5 Lm anschl

1. R: 4 fM häkeln
2.+3. R: 4 fM häkeln
4. R: 2 M zushäkeln, 2 fM = 3 M
5. R: 3 fM häkeln
6. R: 2 M zushäkeln, 1 fM = 2 M
an der geraden Seite weiterhäkeln:
*3 Lm, 1 Km, ab * 5x wdh = 6 Bögen.

Fertigstellen

Die Schnurrbarthaare und die Augen mit Sticktwist aufsticken und den Pompon aufkleben. Die Seitenflossen am Körper annähen.

Krabbe

→ die weichste Kneifzange der Welt

GRÖSSE
10 cm

MATERIAL
- Schachenmayr Catania in Signalrot (Fb 115), 50 g
- Schachenmayr Catania in Jaffa (Fb 189), Rest
- Anchor Sticktwist in Braun (Fb 930), Rest
- 2 Wackelaugen, ø 5 mm
- Häkelnadel Nr. 2,5
- Füllwatte

Anleitung

Körper

in Signalrot 2 Lm anschl
1. Rd: 6 fM in die 2. Lm von der Nd aus
2. Rd: jede M verd = 12 M
3. Rd: jede 2. M verd = 18 M
4. Rd: jede 3. M verd = 24 M
5. Rd: jede 4. M verd = 30 M
6. Rd: jede 5. M verd = 36 M
7. Rd: jede 6. M verd = 42 M
8. Rd: jede 6. und 7. M zushäkeln = 36 M
9. Rd: jede 5. und 6. M zushäkeln = 30 M

in Jaffa weiterhäkeln
10. Rd: jede 4. und 5. M zushäkeln = 24 M
11. Rd: jede 3. und 4. M zushäkeln = 18 M
12. Rd: jede 2. und 3. M zushäkeln = 12 M, ausstopfen
13. Rd: je 2 M zushäkeln = 6 M.

Bein (6x häkeln)

in Signalrot 11 Lm anschl und 10 fM häkeln.

Vorderbein (2x häkeln)

in Signalrot 2 Lm anschl
1. Rd: 4 fM in die 2. Lm von der Nd aus
2.-4. Rd: 4 fM häkeln
5. Rd: 1 M verd, 2 fM, 1 M verd = 6 M
6.-9. Rd: 6 fM häkeln.

Fertigstellen

Die Vorderbeine ausstopfen und annähen. Die Beine annähen und die Augen aufkleben. Den Mund mit Sticktwist aufsticken.

Hai

→ handzahm mit Zahnbürste

GRÖSSE

17,5 cm

MATERIAL

- Schachenmayr Catania in Azur (Fb 174), 50 g
- Schachenmayr Catania in Hellblau (Fb 173) und in Weiß (Fb 106), Reste
- Anchor Sticktwist in Weiß (Fb 01) und Schwarz (Fb 403), Reste
- Häkelnadel Nr. 2,5
- Füllwatte

Anleitung

Körper

in Azur 2 Lm anschl

1. Rd: 5 fM in die 2. Lm von der Nd aus

2. Rd: 1 M verd, *1 fM, 1 M verd, ab * 1x wdh = 8 M

3. Rd: 1 M verd, 6 fM, 1 M verd = 10 M

4. Rd: 10 fM häkeln

5. Rd: 1 M verd, 8 fM, 1 M verd = 12 M

6. Rd: 12 fM häkeln

7. Rd: jede 4. M verd = 15 M

8. Rd: 15 fM häkeln

9. Rd: jede 5. M verd = 18 M

10. Rd: 18 fM häkeln

11. Rd: jede 6. M verd = 21 M

12. Rd: jede 7. M verd = 24 M

13.-16. Rd: 24 fM häkeln

17. Rd: jede 7. und 8. M zushäkeln = 21 M

18.-21. Rd: 21 fM häkeln

22. Rd: jede 6. und 7. M zushäkeln = 18 M

23.-30. Rd: 18 fM häkeln

31. Rd: jede 5. und 6. M zushäkeln = 15 M

32.-35. Rd: 15 fM häkeln

36. Rd: jede 4. und 5. M zushäkeln = 12 M

37.-39. Rd: 12 fM häkeln

40. Rd: jede 3. und 4. M zushäkeln = 9 M, ausstopfen in Azur weiterhäkeln.

Schwanzflosse

Arbeit quer aufeinanderlegen, gleichzeitig über die vorderen und hinteren M-glieder arbeiten

1. R: 1 M verd, 2 fM, 1 M verd = 6 M

2. R: 1 M verd, 4 fM, 1 M verd = 8 M

3. R: 1 M verd, 2 fM, wenden, 2 M zushäkeln, 1 fM, 1 M verd, wenden, 2 M zushäkeln, 1 fM = 2 M

ab der Mitte der 3. R weiterhäkeln, dabei 4 fM, 1 M verd, wenden, 1 M verd, 3 fM, 2 M zushäkeln, wenden, 2 M zushäkeln, 3 fM, 1 M verd, wenden, 4 fM, 2 M zushäkeln, wenden, 2 M zushäkeln, 2 fM, 1 M verd, wenden, 5 fM, wenden, 2 M zushäkeln, 2 fM, 1 M verd, wenden, 3 fM, 2 M zushäkeln, wenden, 2 M zushäkeln, 2 fM, wenden, 1 fM, 2 M zushäkeln, wenden, 2 M zushäkeln = 1 M.

Rückenflosse

In Azur 7 Lm anschl

1. R: 6 fM häkeln

2. R: 1 M verd, 3 fM, 2 M zushäkeln = 6 fM

3. R: 6 fM häkeln = 6 M

4. R: 1 M verd, 3 fM, 2 M zushäkeln = 6 M

5. R: 6 fM häkeln

6. R: 1 M verd, 3 fM, 2 M zushäkeln = 6 M

7. R: 2 M zushäkeln, 4 fM = 5 M

8. R: 3 fM, 2 M zushäkeln = 4 M

9. R: 2 M zushäkeln, 2 fM = 3 M

10. R: 1 fM, 2 M zushäkeln = 2 M

11. R: 2 M zushäkeln = 1 M.

Seitenflosse (2x häkeln)

in Azur 6 Lm anschl

1. R: 5 fM häkeln

2.+3. R: 5 fM häkeln

4. R: 1 M verd, 2 fM, 2 M zushäkeln = 5 M

5.+6. R: 5 fM häkeln

7. R: 2 M zushäkeln, 2 fM, 1 M verd = 5 M

8. R: 1 M verd, 2 fM, 2 M zushäkeln = 5 M

9. R: 2 M zushäkeln, 3 fM = 4 M

10. R: 2 fM, 2 M zushäkeln = 3 M

11. R: 2 M zushäkeln, 1 fM = 2 fM.

Bauch

in Hellblau vorne beginnend 4 Lm anschl

1. R: 3 fM häkeln

2. R: 1 fM, verd, 1 fM = 4 M

3. R: 4 fM häkeln

4. R: 1 M verd, 2 fM, 1 M verd = 6 M

5.-8. R: 6 fM häkeln

9. R: 1 M verd, 4 fM, 1 M verd = 8 M

10.-13. R: 8 fM häkeln

14. R: 2 M zushäkeln, 4 fM, 2 M zushäkeln = 6 M

15. R: 6 fM häkeln

16. R: 2 M zushäkeln, 2 fM, 2 M zushäkeln = 4 M

Um den vorderen Rand seitlich je 2x und an der Vorderseite 3x je 1 fM und 2 Lm im Wechsel in Weiß häkeln. Den Endfaden durch die Zähne durchziehen und vernähen, so dass eine Wölbung entsteht.

Fertigstellen

Das Bauchteil, die Seitenflossen und die Rückenflosse annähen. Die Augen mit Sticktwist aufsticken.

Seepferdchen

→ liebstes Wassertier im Bad

GRÖSSE
15 cm

MATERIAL
- Schachen-mayr Catania in Mimose (Fb 100), 50 g
- Schachenmayr Catania in Birke (Fb 219), 50 g
- Schachenmayr Brazilia in Anis (Fb 1279), Rest
- Wackelaugen, ø 6 mm
- Häkelnadel Nr. 2,5
- Füllwatte

Anleitung

Körper und Schwanz

in Birke 2 Lm anschl
1. Rd: 4 fM in die 2. Lm von der Nadel aus
2.-4. Rd: 4 fM häkeln
5. Rd: 1 fM, 2 M verd, 1 fM = 6 M
6.-10. Rd: 2 M zushäkeln, 2 M verd, 2 M zushäkeln = 6 M
11. Rd: 2 M zus, 2 M verdreifachen, 2 M zushäkeln = 8 M
12.-14. Rd: 2 M zushäkeln, 1 fM, 2 M verd, 1 fM, 2 M zushäkeln = 8 M
15. Rd: 3 fM, 2 M verd, 3 fM = 10 M
16. Rd: 4 fM, 2 M verd, 4 fM = 12 M
abwechselnd 1 Rd in Mimose und 1 Rd in Birke häkeln
17. Rd: 12 fM häkeln
18. Rd: 5 fM, 2 M verd, 5 fM = 14 M
19. Rd: 14 fM häkeln
20. Rd: 2 M zushäkeln, 4 fM, 2 M verd, 4 fM, 2 M zushäkeln = 14 M
21. Rd: 14 fM häkeln
22. Rd: 6 fM, 2 M verd, 6 fM = 16 M
23. Rd: 16 fM häkeln
24. Rd: 7 fM, 2 M verd, 7 fM = 18 M
25. Rd: 2 M zushäkeln, 6 fM, 2 M verd, 6 fM, 2 M zushäkeln = 18 M
26. Rd: 1 M verd, 16 fM, 1 M verd = 20 M

27. Rd: 20 fM häkeln
28. Rd: 1 M verd, 18 fM, 1 M verd = 22 M
29. Rd: 22 fM häkeln
30. Rd: 1 M verd, 8 fM, 2x 2 M zushäkeln, 8 fM, 1 M verd = 22 M
31. Rd: 9 fM, 2x 2 M zushäkeln, 9 fM = 20 M
32. Rd: 8 fM, 2x 2 M zushäkeln, 8 fM = 18 M
33. Rd: 2 M zushäkeln, 14 fM, 2 M zushäkeln = 16 M
34. Rd: 6 fM, 2x 2 M zushäkeln, 6 fM = 14 M
35. Rd: 5 fM, 2x 2 M zushäkeln, 5 fM = 12 M
weiter in Birke häkeln
36. Rd: 5 fM, 2 M verd, 5 fM = 14 M
37. Rd: 6 fM, 2 M verd, 6 fM = 16 M
38. Rd: 16 fM häkeln
39. Rd: 7 fM, 2 M verd, 7 fM = 18 M
40.+41. Rd: 18 fM häkeln
42. Rd: 7 fM, 2x 2 M zushäkeln, 7 fM = 16 M, ausstopfen
43. Rd: jede 3. und 4. M zushäkeln = 12 M
44. Rd: jede 2. und 3. M zushäkeln = 8 M, ausstopfen
45. Rd: je 2 M zushäkeln = 4 M
Faden durchziehen.

Gesicht

in Birke 2 Lm anschl
1. Rd: 4 fM in die 2 Lm von der Nd aus
2.+3. Rd: 4 fM häkeln

4. Rd: 1 fM, 2 M verd, 1 fM = 6 M
5. Rd: 1 M verd, 1 fM, 2 M verd, 1 fM, 1 M verd = 10 M
6. Rd: 4 fM, 2 M verd, 4 fM = 12 M
7. Rd: 5 fM, 2 M verd, 5 fM = 14 M
8.+9. Rd: 14 fM häkeln.

Rückenflosse

in Birke 6 Lm anschl
1. R: 5 fM häkeln
2. R: 1 M verd, 3 fM, 1 M verd = 7 M
3. R: 7 fM häkeln
4. R: 1 M verd, 5 fM, 1 M verd = 9 M
5. R: 9 fM häkeln
6. R: 1 M verd, 7 fM, 1 M verd =11 M
7. R: abwechselnd 10x je 1 fM und 2 Lm häkeln.

Fertigstellen

Das Gesicht ausstopfen und annähen. Die Rückenflosse annähen. Die Haare in Anis auf dem Rücken anknüpfen und die Wackelaugen aufkleben.

Seestern

→ **fünf magnetische Zacken**

Zum Foto auf Seite 18
PFEFFER-MASCAR
FEIGEN

■ EINFACH

Für 8 Stück:
Feigen
▪ 8 Feigen ▪ 2 El Honig ▪ 8 El Vin Sar
Füllung
▪ 1 El rosa Beeren ▪ 125 g Mascarpone
▪ 1 Tl Puderzucker
▪ Salz ▪ Pfeffer
▪ ½ Tl abgeriebene Zitronenschale (unbe-
handelt) ▪ 100 ml Schlagsahne

GRÖSSE
12 cm

MATERIAL
- Schachenmayr Catania in Flamingo (Fb 143), 50 g
- Schachenmayr Catania in Weiß (Fb 106), Rest
- Häkelnadel Nr. 2,5
- Füllwatte
- 1-6 Magnete

Anleitung

Körper (2x häkeln)
in Flamingo 2 Lm anschl
1. Rd: 6 fM in die 2. Lm von der Nd aus
2. Rd: jede M verd = 12 M
3. Rd: jede 2. M verd = 18 M
4. Rd: jede 3. M verd = 24 M
5. Rd: jede 4. M verd = 30 M

Für die Arme beide Teile mit den Rückseiten nach innen aufeinanderlegen. Über das Vorderteil weiter über 6 fM häkeln,

1 Lm neu anschlagen. Weiter über das Hinterteil 6 fM häkeln, 1 Lm neu anschlagen, 1 Km in die 1. fM häkeln
1.-4. Rd: 14 fM häkeln
5. Rd: 2 fM, 2 M zushäkeln, 1 fM, 2 M zushäkeln, 2 fM, 2 M zushäkeln, 1 fM, 2 M zushäkeln = 10 M
6.-8. Rd: 10 fM häkeln
9. Rd: 2 M zushäkeln, 1 fM, 2x 2 M zushäkeln, 1 fM, 2 M zushäkeln = 6 M
10.-12. Rd: 6 fM häkeln, aus-

stopfen
die nächsten 5 Arme genauso arbeiten, dabei die neu ange-schl Lm der Vor-Rd dazuneh-men = 14 M.

Fertigstellen

Mit Catania in Weiß mehrere Noppen mit je 2 Stichen auf-sticken. Einen Magneten in der Mitte und nach Belieben 5 weitere an den Sternenzacken befestigen.

Qualle

→ Schlüsselwächter mit Tentakeln

GRÖSSE

7 cm

MATERIAL

◆ Schachenmayr Catania in Rosé (Fb 158), Rest

◆ Anchor Sticktwist in Weiß (Fb 01), in Schwarz (Fb 403) und in Rot (Fb 907), Reste

◆ Häkelnadel Nr. 2,5

◆ Füllwatte

◆ Schlüsselring

Anleitung

Körper

in Rosé 2 Lm anschl

1. Rd: 5 fM in die 2. Lm von der Nd aus

2. Rd: jede M verd = 10 M

3. Rd: jede 2. M verd = 15 M

4. Rd: jede 3. M verd = 20 M

5. Rd: nur in hintere M-glieder einstechen, dabei 20 fM häkeln = 20 M

6.+7. Rd: 20 M häkeln

8. Rd: jede 4. und 5. M zushäkeln = 16 M

9. Rd: 16 fM häkeln

10. Rd: jede 3. und 4. M zushäkeln = 12 M

11. Rd: jede 2. und 3. M zushäkeln = 9 M, ausstopfen, Faden durchziehen.

Tentakel (6x anhäkeln)

in Rosé 15 Lm anhäkeln, dann in jede M 3 fM häkeln = 45 M.

Fertigstellen

Augen und Mund aufsticken.
Eine Schlüsselschlaufe aus 12 Lm häkeln, durch den Schlüsselring ziehen und festnähen.

Krokodil

→ Vorsicht, bissiges Reptil!

GRÖSSE
19 cm

MATERIAL
- Schachenmayr Catania in Khaki (Fb 212), 50 g
- Schachenmayr Catania in Weiß (Fb 106), Rest
- Anchor Sticktwist in Gelb (Fb 105) und Schwarz (Fb 403), Reste
- Häkelnadel Nr. 2,5
- Füllwatte

Anleitung

Körper
in Dschungel ab Schwanz beginnend 3 Lm anschl
1. Rd: 2 fM am oberen Rand und 2 fM am unteren Rand der Lm häkeln = 4 M
2. Rd: 1 Km über die nächste M, die Naht ist nun unten, dann jede M verd = 8 M
3. Rd: 1 fM, 1 M verd, 3 fM, 1 M verd, 2 fM = 10 M
4.-6. Rd: 10 fM häkeln
7. Rd: 2 fM, 1 M verd, 4 fM, 1 M verd, 2 fM = 12 M
8. Rd: 4 fM, 1 M verd, 2 fM, 1 M verd, 4 fM = 14 M
9. Rd: 3 fM, 1 M verd, 7 fM, 1 M verd, 2 fM = 16 M
10. Rd: 3 fM, 1 M verd, 9 fM, 1 M verd, 2 fM = 18 M
11. Rd: 5 fM, 1 M verd, 1 fM, 2 M zushäkeln, 2 fM, 2M zushäkeln, 1 fM, 1 M verd, 3 fM = 18 M
12. Rd: 18 fM häkeln
13. Rd: 4 fM, 2 M zushäkeln, 7 fM, 2 M zushäkeln, 3 fM = 16 M
14. Rd: 3 fM, 2 M zushäkeln, 7 fM, 2 M zushäkeln, 2 fM = 14 M
15. Rd: 3 fM, 1 M verd, 7 fM, 1 M verd, 2 fM = 16 M
16. Rd: 4 fM, 1 M verd, 7 fM, 1 M verd, 3 fM = 18 M
17. Rd: 4 fM, 1 M verd, 9 fM, 1 M verd, 3 fM = 20 M
18. Rd: 20 fM häkeln
19. Rd: 5 fM, 1 M verd, 10 fM, 1 M verd, 3 fM = 22 M
20.-22.Rd: 22 fM häkeln
23. Rd: 6 fM, 1 M verd, 11 fM, 1 M verd, 3 fM = 24 M
24. Rd: 24 fM häkeln
25. Rd: 7 fM, 2 M zushäkeln, 10 fM, 2 M zushäkeln, 3 fM = 22 M
26. Rd: 6 fM, 2 M zushäkeln, 9 fM, 2 M zushäkeln, 3 fM = 20 M

27. Rd: 6 fM, 2 M zushäkeln, 8 fM, 2 M zushäkeln, 2 fM = 18 M
28. Rd: 6 fM, 2 M zushäkeln, 7 fM, 2 M zushäkeln, 1 fM = 16 M
29. Rd: 5 fM, 2 M zushäkeln, 6 fM, 2 M zushäkeln, 1 fM = 14 M
30. Rd: *5 fM, 2 M zushäkeln, ab * 1x wdh = 12 M
31. Rd: *5 fM, 1 M verd, ab * 1x wdh = 14 M
32.-34. Rd: 14 fM häkeln
35. Rd: *5 fM, 2 M zushäkeln, ab * 1x wdh = 12 M
36.+37. Rd: 12 fM häkeln
38. Rd: *2 M zushäkeln, 4 fM, ab * 1x wdh = 10 M
39.+40. Rd: 10 fM häkeln
41. Rd: *2 M zushäkeln, 3 fM, ab * 1x wdh = 8 M
42.-45. Rd: 8 fM häkeln
46. Rd: *2 M zushäkeln, 2 fM, ab * 1x wdh = 6 M
47.-49. Rd: 6 fM häkeln, Körper ausstopfen
50. Rd: *2 M zushäkeln, 1 fM, ab * 1x wdh = 4 M
51.-53. Rd: 4 M häkeln, ausstopfen.

Unterteil Maul
in Dschungel 5 Lm anschl
1.-3. R: 4 fM häkeln
4. R: 1 fM, 2 M zushäkeln, 1 fM = 3 M
5.-8. R: 3 fM häkeln
9. R: 3 M zushäkeln = 1 M.

Zähne (2x häkeln)
in Weiß 17 Lm anschl
1. R: 4 Km, *2 Lm, 2 Km, ab * 3x wdh, 2 Lm, 4 Km.

Linkes Hinterbein
in Dschungel 12 Lm anschl und zum Ring schließen
1. Rd: 12 fM häkeln
2.+3. Rd: 1 M verd, 3 fM, 2x 2 M zushäkeln, 3 fM, 1 M verd = 12 M
4.-6. Rd: 1 fM, 2x 2 M zushäkeln,

3 fM, 2 M verd, 2 fM = 12 M
7.-10. Rd: 1 M verd, 3 fM, 2x 2 M zushäkeln, 3 fM, 1 M verd = 12 M
11. Rd: Arbeit flach aufeinanderlegen und für die Zehen über die vorderen und hinteren M-glieder gleichzeitig arbeiten, dabei 3 Lm, 2 Km zurück, 1 Km in Beinteil, *4 Lm, 3 Km zurück, 1 Km in Beinteil, ab * 2x wdh, 3 Lm, 2 Km zurück, 1 Km in Beinteil.

Rechtes Hinterbein
in Dschungel 12 Lm anschl und zum Ring schließen
1.-3. Rd: siehe linkes Hinterbein
4.-6. Rd: 2 fM, 2 M verd, 3 fM, 2x 2 M zushäkeln, 1 fM = 12 M
7.-10. Rd: siehe linkes Hinterbein
11. Rd: die Zehen wie die 11. Rd des linken Hinterbeins häkeln.

Vorderbein (2x häkeln)
in Dschungel 8 Lm anschl und zum Ring schließen
1.-3. Rd: 8 fM häkeln
4.+5. Rd: 1 M verd, 1 fM, 2x 2 M zushäkeln, 1 fM, 1 M verd = 8 M
6.+7. Rd: 2x 2 M zushäkeln, 1 fM, 2 M verd, 1 fM = 8 M
8.+9. Rd: 1 M verd, 1 fM, 2x 2 M zushäkeln, 1 fM, 1 M verd = 8 M
10. Rd: die Zehen wie die 11. Rd des linken Hinterbeins arbeiten.

Fertigstellen
Die Beine ausstopfen und am Körper annähen, das Unterteil des Mauls annähen und die Zähne daran festnähen. Die Augen mit Sticktwist aufsticken.

MATERIAL
- Häkelnadel Nr. 2,5
- Füllwatte

SEEJUNG-FRAU
- Schachenmayr Catania in Natur (Fb 105) und Birke (Fb 219), 50 g
- Anchor Artiste Metallic in Gold (Fb 300), 25 g
- Anchor Stick-twist in Rot (Fb 709) und Grün (Fb 718), Reste

NEPTUN
- Schachenmayr Catania in Natur (Fb 105), Rotbraun (Fb 210) und Marone (Fb 157), Reste
- Anchor Artiste Metallic in Gold (Fb 300), 25 g
- Schachenmayr Rosato in Kür-bis (Fb 026), Rest
- Anchor Stick-twist in Rot (Fb 708) und Braun (Fb 810), Reste
- Pfeifenputzer in Braun

Seejungfrau & Neptun

→ Grüße aus der Unterwasserwelt

Seejungfrau

Kopf, Körper und Schwanz

in Natur 2 Lm anschl
1. Rd: 5 fM in die 2. Lm von der Nd aus
2. Rd: jede M verd = 10 M
3. Rd: jede 2. M verd = 15 M
4. Rd: jede 3. M verd = 20 M
5.+6. Rd: 20 fM häkeln
7. Rd: jede 3. und 4. M zus-häkeln = 15 M
8. Rd: jede 2. und 3. M zus-häkeln = 10 M, ausstopfen
9. Rd: je 2 M zushäkeln = 5 M
in Natur weiterhäkeln
10. Rd: jede M verd = 10 M
11. Rd: jede M verd = 20 M
12. Rd: 5 fM, 1 M verd, 9 fM, 1 M verd, 4 fM = 22 M
13.-16. Rd: 22 fM häkeln
in Birke und Gold weiterhäkeln
17.+18. Rd: 22 fM häkeln
19. Rd: 4 fM, 2 M zushäkeln, 9 fM, 2 M zushäkeln, 5 fM = 20 M
20. Rd: 4 fM, 2 M zushäkeln, 8 fM, 2 M zushäkeln, 4 fM = 18 M
21. Rd: 3 fM, 2 M zushäkeln, 7 fM, 2 M zushäkeln, 4 fM = 16 M
22. Rd: 3 fM, 2 M zushäkeln, 6 fM, 2 M zushäkeln, 3 fM = 14 M
23. Rd: 2 fM, 2 M zushäkeln, 5 fM, 2 M zushäkeln, 3 fM = 12 M
24. Rd: 2 fM, 2 M zushäkeln, 4 fM, 2 M zushäkeln, 2 fM = 10 M
25. Rd: 1 fM, 2 M zushäkeln, 3 fM, 2 M zushäkeln, 2 fM = 8 M
26. Rd: 1 fM, 2 M zushäkeln, 2 fM,
2 M zushäkeln, 1 fM = 6 M, aus-stopfen, 1 Km in die nächste fM häkeln.

Schwanzflosse

die Arbeit mit der Naht nach hinten doppelt aufeinander-legen, gleichzeitig durch das vordere und hintere M-glied arbeiten
1. R: 2 fM häkeln
2. R: jede M verd = 4 M
3. R: 1 M verd, 2 fM, 1 M verd = 6 M
4. R: 1 M verd, 4 fM, 1 M verd = 8 M
5. R: 1 M verd, 1 fM, 2 M zushä-keln, wenden, je 2 M zushäkeln = 2 M.
Mit neuem Faden ab der Mitte der 5. R beginnen, dabei 2 M zushäkeln, 1 fM, 1 M verd, wen-den, 2x 2 M zushäkeln = 2 M.

Arm (2x häkeln)

in Natur 2 Lm anschl
1. Rd: 4 fM in die 2. Lm von der Nd aus
2. Rd: *1 fM, 1 M verd, ab * 1x wdh = 6 M
3.-7. Rd: 6 fM häkeln.

BH

in Birke und Gold 2 Lm anschl und *1 fM und 2 Lm in die 2. Lm von der Nadel aus häkeln, ab * 4x wdh, 5 Lm, **1 fM und 2 Lm in die 2. Lm von der Nadel aus häkeln, ab ** 4x wdh. Träger anknoten.

Fertigstellen

Die Arme ausstopfen und annä-hen. Den BH festnähen und das Gesicht aufsticken. Die Haare in Gold anknüpfen.

Neptun

Kopf, Körper und Schwanz

1.-12 Rd: siehe Seejungfrau
13.-18. Rd: 22 fM häkeln
in Rotbraun und Gold weiter-häkeln
19.+20. Rd: 22 fM häkeln
21. Rd: 4 fM, 2 M zushäkeln, 9 fM, 2 M zushäkeln, 5 fM = 20 M
22. Rd: 4 fM, 2 M zushäkeln, 8 fM, 2 M zushäkeln, 4 fM = 18 M
23. Rd: 3 fM, 2 M zushäkeln, 7 fM, 2 M zushäkeln, 4 fM = 16 M
24. Rd: 3 fM, 2 M zushäkeln, 6 fM, 2 M zushäkeln, 3 fM = 14 M
25. Rd: 2 fM, 2 M zushäkeln, 5 fM, 2 M zushäkeln, 3 fM = 12 M
26. Rd: 2 fM, 2 M zushäkeln, 4 fM, 2 M zushäkeln, 2 fM = 10 M
27. Rd: 1 fM, 2 M zushäkeln, 3 fM, 2 M zushäkeln, 2 fM = 8 M, aus-stopfen
28. Rd: 1 fM, 2 M zushäkeln, 2 fM, 2 M zushäkeln, 1 fM = 6 M.

Schwanzflosse

1 Km über die nächste M häkeln, die
Arbeit doppelt aufeinanderlegen, gleichzeitig über vordere und hintere M-glieder arbeiten
1.-5. R: in Rotbraun und Gold häkeln
siehe Seejungfrau.

Arm (2x häkeln)
1.-7. Rd: siehe Seejungfrau.

Schultertuch

in Marone 48 Lm anschl
1. R: in die 6. M ab der Nd 1 fM, dann mit
je 3 Lm immer 2 M übergehen
2.-4. R: *1 Km in den 1. Lm-Bogen, 3 Lm,
ab * wdh.

Krone

in Gold 24 Lm anschl, zum Ring schließen und 1 fM, *3 Lm, 2 fM, ab * wdh.

Fertigstellen

Die Arme ausstopfen und annähen. Das
Schultertuch umlegen und festnähen.
Haare und Bart in Kürbis anknüpfen und
die Krone festnähen. Mit Sticktwist in
Rot und Braun die Augen und den Mund
aufsticken. Den Pfeifenputzer aus zwei
Teilen zurechtbiegen und am Arm fest-
nähen.

Pirat

→ **der Schrecken der Meere**

GRÖSSE
10 cm

MATERIAL
- Schachenmayr Catania in Natur (Fb 105), Weiß (Fb 106), Royal (Fb 201), Kamel (Fb 179), Signalrot (Fb 115), Schwarz (Fb 110) und Kaffee (Fb 162), Reste
- Anchor Artiste Metallic in Gold (Fb 300), Rest
- Holzhalbkugel in Schwarz, ø 4 mm
- Häkelnadel Nr. 2,5
- Füllwatte

Anleitung

Kopf, Körper, Hose und Schuhe

in Natur 2 Lm anschl
1. Rd: 5 fM in die 2. Lm von der Nd aus
2. Rd: jede M verd = 10 M
3. Rd: jede 2. M verd = 15 M
4. Rd: jede 3. M verd = 20 M
5.+6. Rd: 20 fM häkeln
7. Rd: jede 3. und 4. M zushäkeln = 15 M
8. Rd: jede 2. und 3. M zushäkeln = 10 M, ausstopfen
9. Rd: je 2 M zushäkeln = 5 M für den Streifenpulli abwechselnd in Royal und in Weiß häkeln
10. Rd: 5 M verd = 10 M
11. Rd: jede 2. M verd = 15 M
12. Rd: jede 3. M verd = 20 M
13. Rd: jede 4. M verd = 25 M
14.-16. Rd: 25 fM häkeln
in Kamel weiterhäkeln
17.-19. Rd: 25 fM häkeln, dann die Arbeit für die Hosenbeine teilen
20. Rd: 13 fM, 2 Lm, 1 Km in die 1. fM von der Nd aus = 15 M
21. Rd: 5 fM, 2 M zushäkeln, 8 fM = 14 M
22. Rd: 14 fM häkeln
23. Rd: *5 fM, 2 M zushäkeln, ab * 1x wdh = 12 M
24. Rd: 12 fM häkeln
25. Rd: 5 fM, 2 M zushäkeln, 3 fM, 2 M zushäkeln = 10 M
26. Rd: 10 fM häkeln

in Schwarz weiterhäkeln
27.+28. Rd: 10 fM häkeln
29. Rd: nur in hintere M-glieder stechen, dabei je 2 M zushäkeln = 5 M, ausstopfen
das zweite Hosenbein ab der Mitte der 20. Rd häkeln:
20. Rd: 13 fM, 2 fM über die neu angeschlagenen Lm = 15 M
21.-29. Rd: siehe oben

Arm (2x häkeln)

in Natur 2 Lm anschl
1. Rd: 4 fM in die 2. Lm von der Nd aus
2. Rd: jede 2. M verd = 6 M
für den Streifenpulli abwechselnd in Royal und in Weiß häkeln
3.-7. Rd: 6 fM häkeln.

Augenklappe

in Schwarz 2 Lm anschl und 5 fM in die 2. Lm von der Nd aus häkeln.

Stirnband

in Signalrot 18 Lm anschl, zum Ring schließen, dann 18 fM häkeln.

Schwert

in Schwarz 2 Lm anschl
1. Rd: 4 fM in die 2. Lm von der Nd aus
2. Rd: 4 fM häkeln
3. Rd: *2 fM, 3 Lm, 2 fM zurück, ab * 1x wdh = 8 M
in Gold weiterhäkeln
4.-10. Rd: 8 fM häkeln, Faden durchziehen.

Fertigstellen

Haare in Kaffee einknüpfen. Das Stirnband und die Augenklappe befestigen. Den Bart mit 6 Fäden in Kaffee einknüpfen und unten zusammenbinden. Die Nase mit 5 Stichen in Natur aufsticken. Das Schwert annähen und das Auge aufkleben.

HAUS & HOF

Alles, was um Haus und Hof kreucht und fleucht, was Katz und Maus spielt oder Gans viel Glück für die Prüfung wünscht, vom gutmütigen Packesel bis zum wilden Pony – ob Bauernhof oder Bremer Stadtmusikanten, diese lieben Tiere eignen sich zum Spielen genauso gut wie als Glücksbringer oder treuer Begleiter an Reißverschluss und Rucksack.

Kuh

→ gute Milch fürs Frühstück

Anleitung

Kopf und Körper

in Weiß 2 Lm anschl

1. Rd: 6 fM in die 2. Lm von der Nd aus

2. Rd: jede M verd = 12 M

3. Rd: jede 3. M verd = 16 M

4. Rd: jede 4. M verd = 20 M

5. Rd: 9 fM, 2 M verd, 9 fM = 22 M

6. Rd: 22 fM häkeln

7. Rd: 10 fM, 2 M verd, 10 fM = 24 M

8. Rd: 1 M verd, 22 fM, 1 M verd = 26 M

9. Rd: 11 fM, 2x 2 M zushäkeln, 11 fM = 24 M

10. Rd: 1 M verd, 8 fM, 2 M zushäkeln, 2 fM, 2 M zushäkeln, 8 fM, 1 M verd = 24 M

11. Rd: 1 M verd, 10 fM, 2 M zushäkeln, 10 fM, 1 M verd = 25 M

12. Rd: 1 M verd, 11 fM, 2 M zushäkeln, 10 fM, 1 M verd = 26 M

13. Rd: 1 M verd, *3 fM, 1 M verd, ab * 1x wdh, 8 fM, 1 M verd, **3 fM, 1 M verd, ab ** 1x wdh = 32 M

14.+15. Rd: 32 fM häkeln

16. Rd: 1 M verd, 30 fM, 1 M verd = 34 M

17. Rd: 34 fM häkeln

18. Rd: 6 fM, 1 M verd, 20 fM, 1 M verd, 6 fM = 36 M

19.-22. Rd: 36 fM häkeln

23. Rd: 2 M zushäkeln, 32 fM, 2 M zushäkeln = 34 M

24. Rd: 2 M zushäkeln, 30 fM, 2 M zushäkeln = 32 M

25. Rd: 2 M zushäkeln, 28 fM, 2 M zushäkeln = 30 M

26.-28. Rd: 30 fM häkeln

29. Rd: jede 5. und 6. M zushäkeln = 25 M

30. Rd: jede 4. und 5. M zushäkeln = 20 M

31. Rd: jede 3. und 4. M zushäkeln = 15 M

32. Rd: jede 2. und 3. M zushäkeln = 10 M, ausstopfen

33. Rd: je 2 M zushäkeln = 5 M.

Vorderbein (2x häkeln)

in Kamel 2 Lm anschl

1. Rd: 6 fM in die 2. Lm von der Nd aus

2. Rd: nur in hintere M-glieder einstechen, dabei 6 fM häkeln in Weiß weiterhäkeln

3.-5. Rd: 6 fM häkeln

6. Rd: 1 M verd, 5 fM = 7 M

7. Rd: 7 fM häkeln

8. Rd: 1 M verd, 6 fM = 8 M

9. Rd: 8 fM häkeln

10. Rd: 1 M verd, 7 fM = 9 M

11. Rd: 9 fM häkeln.

Hinterbein (2x häkeln)

in Kamel 2 Lm anschl

1.-4. Rd: wie das Vorderbein häkeln

5. Rd: 1 M verd, 5 fM = 7 M

6. Rd: 7 fM häkeln

7. Rd: 1 M verd, 5 fM, 1 M verd = 9 M

8. Rd: 9 fM häkeln

9. Rd: 1 M verd, 7 fM, 1 M verd = 11 M

10. Rd: 11 fM häkeln

11. Rd: 1 M verd, 9 fM, 1 M verd = 13 M.

Euter

in Orchidee 2 Lm anschl

1. Rd: 5 fM in die 2. Lm von der Nd aus

2. Rd: 1 M verd, *1 fM, 1 M verd, ab * 1x wdh = 8 M

3. Rd: *1 M verd, 1 fM, ab * 3x wdh = 12 M

4. Rd: jede 3. M verd = 16 M

5. Rd: 16 fM häkeln.

Zitzen (4x häkeln)

in Orchidee 2 Lm anschl

1. Rd: 4 fM in die 2. Lm von der Nd aus

2.+3. Rd: 4 fM häkeln.

Ohr (2x häkeln)

in Schwarz 3 Lm anschl

1. R: 2 fM häkeln

2. R: 1 M verd, 1 fM = 3 M

3. R: 1 M verd, 2 fM = 4 M

4. R: je 2 M zushäkeln = 2 M.

Fleck 1

in Schwarz 4 Lm anschl

1. R: 3 fM häkeln

2. R: 1 M verd, 2 fM = 4 M

3. R: 3 fM, 1 M verd = 5 M

4. R: 4 fM, 1 M verd = 6 M

5. R: 1 M verd, 5 fM = 7 M

6. R: 6 fM, 1 M verd = 8 M

7. R: 2 M zushäkeln, 4 fM, 2 M zushäkeln = 6 M

8. R: 6 fM häkeln

GRÖSSE

12 cm

MATERIAL

◆ Schachenmayr Catania in Weiß (Fb 106), 50 g

◆ Schachenmayr Catania in Schwarz (Fb 110), Orchidee (Fb 222) und Kamel (Fb 179), Reste

◆ 2 Holzhalbkugeln in Schwarz, ø 4 mm

◆ Häkelnadel Nr. 2,5

◆ Füllwatte

WEITERFÜHRUNG

Kuh

9. R: 2 M zushäkeln, 2 fM, 2 M zushäkeln = 4 M

10. R: 1 fM, 2 M zushäkeln, 1 fM = 3 M.

Fleck 2
in Schwarz 3 Lm anschl
1. R: 2 fM häkeln
2. R: 2 M verd = 4 M
3. R: 1 M verd, 2 fM, 1 M verd = 6 M
4. R: 1 M verd, 3 fM, 2 M zushäkeln = 6 M
5. R: 2 M zushäkeln, 3 fM, 1 M verd = 6 M
6. R: 1 M verd, 3 fM, 1 M verd = 7 M
7. R: 2 M zushäkeln, 3 fM, 2 M zushäkeln = 5 M
8. R: 2 M zushäkeln, 1 fM, 2 M zushäkeln = 3 M.

Fleck 3
in Schwarz 4 Lm anschl
1. R: 3 fM häkeln
2. R: 2 fM, 1 M verd = 4 M
3. R: 1 M verd, 2 fM, 1 M verd = 6 M
4. R: 1 M verd, 4 fM, 1 M verd = 8 M
5. R: 1 M verd, 6 fM, 1 M verd = 10 M
6. R: 8 fM, 2 M zushäkeln = 9 M
7. R: 2 M zushäkeln, 7 fM = 8 M
8. R: 6 fM, 2 M zushäkeln = 7 M
9. R: 2 M zushäkeln, 4 fM, 1 M verd = 7 M
10. R: 7 fM häkeln
11. R: 2 M zushäkeln, 3 fM, 2 M zushäkeln = 5 M
12. R: 5 fM häkeln
13. R: 2 M zushäkeln, 1 fM, 2 M zushäkeln = 3 M
14. R: 2 M zushäkeln, 1 fM = 2 M.

Fleck 4
in Schwarz 3 Lm anschl
1.+2. R: 2 fM häkeln
3. R: 1 M verd, 1 fM = 3 M
4. R: 2 fM, 1 M verd = 4 M
5. R: 4 fM häkeln
6. R: je 2 M zushäkeln = 2 M
7.+8. R: 2 fM häkeln
9. R: 2 M zushäkeln = 1 M.

Fleck 5
in Schwarz 3 Lm anschl
1. R: 2 fM häkeln
2. R: 1 M verd, 1 fM = 3 M
3. R: 1 M verd, 2 fM = 4 M
4. R: 2 M zushäkeln, 1 fM, 1 M verd = 4 M
5. R: 1 M verd, 2 fM, 1 M verd = 6 M
6. R: 2 M zushäkeln, 2 fM, 2 M zushäkeln = 4 M
7. R: 2 M zushäkeln, 2 fM = 3 M
8. R: 3 fM häkeln
9. R: 2 fM, 1 M verd = 4 M
10. R: 1 M verd, 1 fM, 2 M zushäkeln = 4 M
11. R: je 2 M zushäkeln = 2 M.

Fleck 6
in Schwarz 3 Lm anschl
1. R: 2 fM häkeln = 2 M
2. R: 1 M verd, 1 fM = 3 M
3. R: 1 M verd, 2 fM = 4 M
4. R: 4 fM häkeln
5. R: je 2 M zushäkeln = 2 M.

Fleck 7
in Schwarz 3 Lm anschl
1.+2. R: 2 fM häkeln
3. R: 1 M verd, 1 fM = 3 M
4. R: 1 fM, 2 M zushäkeln = 2 M
5. R: 2 M zushäkeln = 1 M.

Fleck 8
in Schwarz 4 Lm anschl
1. R: 3 fM häkeln
2. R: 1 fM, 2 M zushäkeln = 2 M
3. R: 2 fM häkeln = 2 M
4. R: 2 M zushäkeln = 1 M
5. R: 1 M verdreifachen = 3 M
6. R: 1 M verd, 1 fM, 1 M verd = 5 M
7. R: 1 M verd, 2 fM, 2 M zushäkeln = 5 M

8. R: 2 M zushäkeln, 1 fM, 2 M zushäkeln = 3 M
9. R: 3 M zushäkeln = 1 M.

Fleck 9
in Schwarz 3 Lm anschl
1. R: 2 fM häkeln
2. R: 1 M verd, 1 fM = 3 M
3. R: 2 fM, 1 M verd = 4 M
4. R: je 2 M zushäkeln = 2 M
5. R: 2 M zushäkeln = 1 M.

Fleck 10
in Schwarz 3 Lm anschl
1. R: 2 fM häkeln
2. R: 2 M verd = 4 M
3. R: 1 fM, 2 M zushäkeln, 1 fM = 3 M
4. R: 3 M zushäkeln = 1 M.

Horn (2x häkeln)
in Kamel 4 Lm anschl, zum Ring schließen
1.+2. Rd: 4 fM häkeln.

Maul
in Orchidee 4 Lm anschl, dann 3 fM in die obere und 3 fM in die untere Lm-Kette häkeln = 6 M. Zur Rd schließen.

Schwanz
in Weiß 10 Lm anschl und 9 fM häkeln.

Fertigstellen
Die Beine ausstopfen und am Körper annähen. Das Euter ausstopfen, annähen und die Zitzen daran festnähen. Die Ohren und Hörner am Kopf festnähen. Den Schwanz am Körper annähen. Das Maul annähen und die Augen aufkleben. Die Flecken aufnähen und zwei Nasenlöcher in Kamel aufsticken.

Esel, Hund, Katze und Hahn

Beschreibung S. 62-65

Esel

→ **trägt die ganze Last**

GRÖSSE
12 cm

MATERIAL

◆ Schachenmayr
Catania in Silber
(Fb 172), 50 g

◆ Schachen-
mayr Catania
in Schwarz
(Fb 110), Rest

◆ 2 Wackelaugen,
ø 8 mm

◆ Häkelnadel
Nr. 2,5

◆ Füllwatte

Anleitung

siehe Zebra S. 8
mit doppelter Wolle häkeln

Körper und Ohren
in Silber häkeln.

Vorderbein (2x häkeln)
1.-3. Rd: in Schwarz häkeln
4.-9. Rd: in Silber weiterhäkeln.

Hinterbein (2x häkeln)
1.-3. Rd: in Schwarz häkeln
4.-9. Rd: in Silber weiterhäkeln.

Schwanz
in Silber 8 Lm häkeln.

Fertigstellen
Die Beine ausstopfen und am
Körper festnähen. Den Schwanz
annähen und für den Schweif
schwarze Wolle am Schwanzende anknüpfen. Die Augen
aufkleben. Für die Mähne mit
Mittelscheitel schwarze Wolle
anknüpfen.

Hund

→ **ein treuer Begleiter**

GRÖSSE
8 cm

MATERIAL
- Schachenmayr Catania in Beige (Fb 108), 50 g
- Pompon in Schwarz, ø 6 mm
- 2 Wackelaugen, ø 4 mm
- Satinband in Grün, Rest
- Häkelnadel Nr. 2,5
- Füllwatte
- Schlüsselring

Anleitung

Kopf und Körper
in Beige 2 Lm anschl
1. Rd: 5 fM in die 2. Lm von der Nd aus
2. Rd: jede M verd = 10 M
3.-5. Rd: 10 fM häkeln
6. Rd: 4 fM, 2 M verd, 4 fM = 12 M
7. Rd: 5 fM, 2 M verd, 5 fM = 14 M
8.+9. Rd: 14 fM häkeln
10.-12. Rd: 1 M verd, 4 fM, 2x 2 M zushäkeln, 4 fM, 1 M verd = 14 M
13. Rd: 1 M verd, 12 fM, 1 M verd = 16 M
14. Rd: 1 M verd, 14 fM, 1 M verd = 18 M
15. Rd: 1 M verd, 16 fM, 1 M verd = 20 M
16.-21. Rd: 20 fM häkeln
22. Rd: jede 3. und 4. M zushäkeln = 16 M

23. Rd: jede 2. und 3. M zushäkeln = 12 M, ausstopfen
24. Rd: je 2 M zushäkeln = 6 M.

Bein (4x häkeln)
in Beige 2 Lm anschl
1. Rd: 4 fM in die 2. Lm von der Nd aus = 4 M
2. Rd: jede M verd = 8 M
3.-7. Rd: 8 fM häkeln.

Ohr (2x häkeln)
in Beige 3 Lm anschl
1.-3. R: 2 fM häkeln
4. R: jede M verd = 4 M
5. R: je 2 M zushäkeln = 2 M
6. R: 2 M zushäkeln = 1 M.

Schwanz
in Beige 2 Lm anschl
1. Rd: 4 fM in die 2. Lm von der Nd aus
2.-6. Rd: 4 fM häkeln.

Fertigstellen
Die Beine ausstopfen und am Körper festnähen. Die Ohren und den Schwanz annähen. Die Wackelaugen aufkleben und den Pompon als Schnauze festkleben. Das Band um den Hals binden und den Schlüsselring daran befestigen.

Katze

→ süßes Schmusetier

Anleitung

Kopf
in Weiß 2 Lm anschl
1. Rd: 5 fM in die 2. Lm von der Nd aus
2. Rd: jede M verd = 10 M
3. Rd: jede 2. M verd = 15 M
4.+5. Rd: 15 fM häkeln
6.+7. Rd: 1 M verd, 4 fM, 2 M zushäkeln, 1 fM, 2 M zushäkeln, 4 fM, 1 M verd = 15 M
8. Rd: jede 3. M verd = 20 M
9. Rd: jede 5. M verd = 24 M
10.-13. Rd: 24 fM häkeln
14. Rd: jede 5. und 6. M zushäkeln = 20 M
15. Rd: jede 4. und 5. M zushäkeln = 16 M
16. Rd: jede 3. und 4. M zushäkeln = 12 M
17. Rd: jede 2. und 3. M zushäkeln = 8 M, ausstopfen, Faden durchziehen.

Bein (4x häkeln)
in Schwarz 2 Lm anschl
1. Rd: 5 fM in die 2. Lm von der Nd aus
2. Rd: 5 fM häkeln
in Weiß weiterhäkeln
3.-5. Rd: 5 fM häkeln.

Schwanz
in Schwarz 2 Lm anschl
1. Rd: 4 fM in die 2. Lm von der Nd aus
2. Rd: 4 fM häkeln
in Weiß weiterhäkeln
3.-8. Rd: 4 fM häkeln.

Ohr (2x häkeln)
in Schwarz 2 Lm anschl
1. Rd: 4 fM in die 2. Lm von der Nd aus
2. Rd: *1 fM, 1 M verd, ab * 1x wdh = 6 M.

Fertigstellen
Die Beine, die Ohren und den Schwanz annähen. Die Schnurrbarthaare festnähen, darüber die Holzhalbkugel als Nase kleben. Die Wackelaugen aufkleben.

GRÖSSE
7 cm

MATERIAL
- Schachenmayr Catania in Weiß (Fb 106) und Schwarz (Fb 110), Reste
- Anchor Sticktwist in Schwarz (Fb 403), Rest
- 2 Wackelaugen, ø 3 mm
- Holzhalbkugel in Schwarz, ø 3 mm
- Häkelnadel Nr. 2,5
- Füllwatte

Hahn & Henne

→ auf der Frühstückstafel ist was los!

GRÖSSE
7 cm

MATERIAL
- Häkelnadel Nr. 2,5
- Füllwatte

HAHN
- Schachenmayr Catania in Kamel (Fb 179), Rotbraun (Fb 210), Signalrot (Fb 115) und Sonne (Fb 208), Reste
- Anchor Sticktwist in Braun (Fb 380), Rest
- Pfeifenputzer in Braun

HENNE
- Schachenmayr Catania in Creme (Fb 130) und Signalrot (Fb 115), Reste
- Anchor Sticktwist in Braun (Fb 380), Rest

Hahn

Kopf und Körper

in Kamel 11 Lm anschl
1. Rd: 2 fM in die 2. Lm von der Nd aus, 8 fM, 1 M verd, dann weiter am unteren Rand häkeln: 1 M verd, 8 fM, 1 M verd = 24 M
2. Rd: 24 fM häkeln
3. Rd: 1 M verd, 9 fM, 2x 2 M zushäkeln, 9 fM, 1 M verd = 24 M
4. Rd: 1 M verd, 10 fM, 2 M zushäkeln, 10 fM, 1 M verd = 25 M
5. Rd: 12 fM, 2 M zushäkeln, 11 fM = 24 M
6. Rd: 2 M zushäkeln, 8 fM, 2x 2 M zushäkeln, 8 fM, 2 M zushäkeln = 20 M
in Rotbraun weiterhäkeln
7. Rd: 20 fM häkeln
8. Rd: 2 M zushäkeln, 6 fM, 2x 2 M zushäkeln, 6 fM, 2 M zushäkeln = 16 M
9. Rd: 16 fM häkeln
10. Rd: 2 M zushäkeln, 4 fM, 2x 2 M zushäkeln, 4 fM, 2 M zushäkeln = 12 M
11. Rd: 12 fM häkeln

12. Rd: 2 M zushäkeln, 1 fM, 3x 2 M zushäkeln, 1 fM, 2 M zushäkeln = 7 M, ausstopfen.

Schwanzfedern (6x häkeln)

3x in Rotbraun und 3x in Kamel 11 Lm anschl und 10 fM häkeln.

Kamm

in Signalrot 6 Lm anschl und 1 Km in die 4. Lm von der Nd aus, 3 Lm, 1 Km, 3 Lm, 1 Km häkeln.

Kehllappen (2x häkeln)

in Signalrot 3 Lm anschl und 2 fM häkeln.

Flügel (2x häkeln)

in Kamel 4 Lm anschl
1.+2. R: 3 fM häkeln
3. d: 3 M zushäkeln = 1 M.

Fertigstellen

Den Kamm und die Flügel festnähen. Den Schnabel in Sonne mit je 2 Spannstichen aufsticken. Den Kehllappen annähen und die Augen aufsticken. Die Schwanzfedern annähen. Den Pfeifen-

putzer in Form biegen und am Körper befestigen.

Henne

Kopf und Körper

in Creme 11 Lm anschl
1.-12. Rd: siehe Hahn, jedoch Kopf und Körper ganz in Creme arbeiten
13. Rd: Kopf und Körper ausstopfen, dann die Arbeit flach aufeinanderlegen, gleichzeitig durch obere und untere M-glieder 3 fM häkeln
14. Rd: nur in die vorderen M-glieder *5 Lm, 1 Km, ab * 2x wdh häkeln, dann nur in den hinteren M-gliedern ebenso arbeiten.

Kamm und Flügel

siehe Hahn

Fertigstellen

Wie beim Hahn arbeiten, jedoch den Schnabel in Signalrot mit je 2 Spannstichen aufsticken.

Schweinchen mit Kleeblatt

→ süßer Glücksbringer

GRÖSSE
Schweinchen
8 cm
Kleeblatt 4,5 cm

MATERIAL
- Häkelnadel
  Nr. 2,5

SCHWEIN
- Schachenmayr
  Catania in Rosé
  (Fb 158), 50 g
- Sticktwist in
  Rosa (Fb 704),
  Weiß (Fb 01)
  und Schwarz
  (Fb 403), Reste
- Füllwatte
- Band

KLEEBLATT
- Schachenmayr
  Catania in Mai-
  grün (Fb 170),
  Rest
- Marienkäfer,
  ø 1,5 cm

Schwein

Kopf und Körper

in Rosé 2 Lm anschl
1. Rd: 5 fM in die 2. Lm von der Nd aus
2. Rd: nur in hintere M-glieder einstechen, dabei 5 fM häkeln
3. Rd: 2 fM, 1 M verd, 2 fM = 6 M
4. Rd: 2 fM, 2 M verd, 2 fM = 8 M
5. Rd: 2 fM, 4 M verd, 2 fM = 12 M
6. Rd: 1 M verd, 4 fM, 2 M verd, 4 fM, 1 M verd = 16 M
7. Rd: 16 fM häkeln
8. Rd: 1 M verd, 14 fM, 1 M verd = 18 M
9. Rd: 2 M zushäkeln, 5 fM, 2x 2 M zushäkeln, 5 fM, 2 M zus-häkeln = 14 M
10. Rd: 6 fM, 2 M zushäkeln, 6 fM = 13 M
11. Rd: 6 fM, 1 M verd, 6 fM = 14 M
12. Rd: 3 fM, 1 M verd, 6 fM, 1 M verd, 3 fM = 16 M
13. Rd: 7 fM, 2 M verd, 7 fM = 18 M
14. Rd: 4 fM, 1 M verd, 8 fM, 1 M verd, 4 fM = 20 M
15. Rd: 4 fM, 1 M verd, 10 fM, 1 M verd, 4 fM = 22 M
16.-19. Rd: 22 fM häkeln
20. Rd: 9 fM, 2x 2 M zushäkeln, 9 fM = 20 M
21. Rd: jede 4. und 5. M zus-häkeln = 16 M
22. Rd: jede 3. und 4. M zus-häkeln = 12 M
23. Rd: jede 2. und 3. M zus-häkeln = 8 M, ausstopfen
24. Rd: je 2 M zushäkeln = 4 M.

Ohr (2x häkeln)

in Rosé 5 Lm anschl
1.-3. R: 4 fM häkeln
4. R: je 2 M zushäkeln = 2 M
5. R: 2 M zushäkeln = 1 M.

Bein (4x häkeln)

in Rosé 2 Lm anschl
1. Rd: 5 fM in die 2. Lm von der Nd aus
2. Rd: nur in hintere M-glieder einstechen, dabei 5 fM häkeln
3. Rd: 5 fM häkeln
4. Rd: 1 M verd, 3 fM, 1 M verd = 7 M
5. Rd: 7 fM häkeln
6. Rd: 1 M verd, 5 fM, 1 M verd = 9 M.

Schwanz

in Rosé 7 Lm anschl, anschlie-ßend 1 fM in die 2. Lm, 2 fM in die 3. Lm, dann 4 fM = 7 M.

Fertigstellen

Die Beine ausstopfen und am Körper festnähen. Die Ohren und den Schwanz annähen. Mit Sticktwist die Nasenlöcher und die Augen aufsticken. Ein Band als Schleife um den Hals binden.

Kleeblatt

in Maigrün 2 Lm anschl
1. Rd: in die 2. Lm *1 fM, 3 Lm, ab * 3x wdh
2. Rd: in jeden Lm-Bogen 1 fM, 1 hStb, 1 Stb, 1 hStb, 1 fM
3. Rd: auf jeden Bogen 1 Km, 1 hStb, in das Stäbchen der Vor-runde 1 Stb, 2 DStb, 1 Stb, dann weiter 1 hStb, 1 Km häkeln. Mit 1 Km zur Runde schließen.

Stiel

7 Lm anschl und 6 fM zurück-häkeln.

Fertigstellen

Den Marienkäfer aufkleben und das Kleeblatt an einem Vorder-bein des Schweinchens festnä-hen.

Pferd & Eselchen

→ **die besten Freunde**

GRÖSSE
Pferd 9 cm
Eselchen 8 cm

MATERIAL PFERD
◆ Schachenmayr Catania in Kamel (Fb 179), 50 g
◆ Schachenmayr Catania in Creme (Fb 130), Rest
◆ Schachenmayr Rosato in Natur (Fb 02), Rest
◆ Anchor Sticktwist in Braun (Fb 380), Rest
◆ Häkelnadel Nr. 2,5
◆ Füllwatte

ESELCHEN
siehe Esel S. 62

Pferd

siehe Esel S. 62, dabei den Faden nur einfach verarbeiten.

Körper und Ohren
in Kamel häkeln.

Vorderbein (2x häkeln)
1.+2. Rd: in Creme häkeln
3.-9. Rd: in Kamel häkeln.

Hinterbein (2x häkeln)
1.+2. Rd: in Creme häkeln
3.-9. Rd: in Kamel häkeln.

Fertigstellen
Die Beine ausstopfen und am Körper festnähen. Die Ohren annähen und die Augen und Nüstern mit Sticktwist aufsticken. Den Schweif und die Mähne mit Mittelscheitel in Natur anknüpfen, zuletzt den kurzen Pony anknüpfen. Anschließend Mähne und Schweif in die gewünschte Länge bringen.

Eselchen

siehe Esel S. 62, dabei den Faden nur einfach verarbeiten.

Hase

→ mit leckerer Karotte

Hase

Kopf und Körper
in Natur 2 Lm anschl
1. Rd: 5 fM in die 2. Lm von der Nd aus
2. Rd: jede M verd = 10 M
3. Rd: jede 2. M verd = 15 M
4.+5. Rd: 15 fM häkeln
6. Rd: 2 M zushäkeln, 3 fM, 2 M zushäkeln, 1 fM, 2 M zushäkeln, 3 fM, 2 M zushäkeln = 11 M
7. Rd: 1 M verd, 3 fM, 3 M verd, 3 fM, 1 M
verd = 16 M
8. Rd: jede 4. M verd = 20 M
9. Rd: 5 fM, *1 M verd, 3 fM, ab * 2x wdh,
1 M verd, 2 fM = 24 M
10. Rd: 5 fM, * 1 M verd, 3 fM, ab * 3x wdh,
1 M verd, 2 fM = 29 M
11.+12. Rd: 29 fM häkeln
13. Rd: 27 fM, 2 M zushäkeln = 28 M

14. Rd: jede 3. und 4. M zushäkeln = 21 M
15. Rd: jede 2. und 3. M zushäkeln = 14 M
16. Rd: je 2 M zushäkeln = 7 M, ausstopfen
17. Rd: 3x 2 M zushäkeln, 1 fM = 4 M.

Ohr (2x häkeln)
in Natur 6 Lm anschl, zum Ring schließen
1.-3. Rd: 6 fM häkeln
4. Rd: *2 M zushäkeln, 1 fM, ab * 1x wdh
= 4 M
5. Rd: 4 fM häkeln.

Vorderbein (2x häkeln)
in Natur 2 Lm anschl
1. Rd: 4 fM in die 2. Lm von der Nd aus
2.-4. Rd: 4 fM häkeln.

Hinterbein (2x häkeln)
in Natur 2 Lm anschl
1. Rd: 5 fM in die 2. Lm von der Nd aus
2.-5. Rd: 5 fM häkeln.

Karotte
in Jaffa 2 Lm anschl
1. Rd: 8 fM in die 2. Lm von der Nd aus
2.+3. Rd: 8 fM häkeln
4. Rd: *2 M zushäkeln, 2 fM, ab * 1x wdh
= 6 M
5.+6. Rd: 6 fM häkeln, ausstopfen
7. Rd: je 2 M zushäkeln = 3 M.

Karottengrün (3x häkeln)
in Apfel 14 Lm häkeln.

Fertigstellen
Die Hinterbeine nur unten ausstopfen
und am Körper festnähen. Die Vorderbeine ausstopfen und am Körper festnähen. Den Pompon als Schwänzchen
am Hinterteil festkleben. Ohren am Kopf
annähen. Als Nase ein X mit Sticktwist
aufsticken und Schnurrbarthaare durchziehen. Die Wackelaugen aufkleben. Die
3 Stränge Karottengrün zur Hälfte durch
die Karotte ziehen.

GRÖSSE
Hase 7 cm
Karotte 6 cm

MATERIAL
◆ Schachenmayr Catania in
  Natur (Fb 105), Jaffa (Fb 189)
  und Apfel (Fb 205), Reste
◆ Anchor Sticktwist in Braun
  (Fb 371), Rest
◆ 2 Wackelaugen, ø 3 mm
◆ Pompon in Weiß, ø 1,5 cm
◆ Häkelnadel Nr. 2,5
◆ Füllwatte

Schaf & Rabe

→ schafes Gezwitscher

GRÖSSE
Schaf 8 cm
Rabe 5 cm

MATERIAL
◆ Häkelnadel
  Nr. 2,5
◆ Füllwatte

SCHAF
◆ Schachenmayr
  Catania in
  Creme (Fb 130),
  Rest
◆ Schachenmayr
  Rosato in Natur
  (Fb 02), Rest
◆ Anchor Stick-
  twist in Braun
  (Fb 380), Rest

RABE
◆ Schachenmayr
  Catania in
  Schwarz (Fb 110)
  und Jaffa
  (Fb 189), Reste
◆ Chenilledraht in
  Orange
◆ 2 Wackelaugen,
  ø 3 mm

Schaf

Kopf und Körper
in Creme 2 Lm anschl
1. Rd: 6 fM in die 2. Lm von der Nd aus
2. Rd: 2 fM, 2 M verd, 2 fM = 8 M
3. Rd: 3 fM, 2 M verd, 3 fM = 10 M
4. Rd: 4 fM, 2 M verd, 4 fM = 12 M
5. Rd: 12 fM häkeln
in Natur weiterhäkeln
6.-9. Rd: 1 M verd, 3 fM, 2x 2 M zushäkeln, 3 fM, 1 M verd = 12 M
10. Rd: jede 3. M verd = 16 M
11. Rd: jede 4. M verd = 20 M
12. Rd: jede 5. M verd = 24 M
13.-15. Rd: 24 fM häkeln
16. Rd: jede 5. und 6. M zushäkeln = 20 M
17. Rd: jede 4. und 5. M zushäkeln = 16 M
18. Rd: jede 3. und 4. M zushäkeln = 12 M, ausstopfen
19. Rd: je 2 M zushäkeln = 6 M, Faden durchziehen.

Ohr (2x häkeln)
in Creme 3 Lm anschl
1.+2. R: 2 fM häkeln
3. R: 2 M zushäkeln = 1 M.

Bein (4x häkeln)
in Creme 2 Lm anschl
1. Rd: 4 fM in die 2. Lm von der Nd aus
2. Rd: *1 fM, 1 M verd, ab * 1x wdh = 6 M
3.+4 Rd: 6 fM häkeln.

Schwanz
in Creme 5 Lm anschl und 4 fM häkeln.

Fertigstellen
Die Beine ausstopfen und am Körper festnähen. Die Ohren und den Schwanz festnähen. Mit Sticktwist die Augen aufsticken.

Rabe

Kopf und Körper
in Schwarz 4 Lm anschl
1. Rd: 2 fM in die 2. Lm von der Nd aus, 1 fM in die 3. Lm, 2 fM in die 4. Lm, am unteren Rand der Lm-Kette weiterhäkeln und 2 fM in die 1. Lm, 1 fM in die 2. Lm, 2 fM in die 3. Lm häkeln = 10 M
2.+3. Rd: 10 fM häkeln
4. Rd: 7 Lm, 6 fM zurück, am Kopf weiterhäkeln, dabei 4 fM, 2 M zushäkeln, 4 fM, am unteren Rand der Lm-Kette weiterhäkeln, dabei 5 fM, in die nächste M 4 fM = 24 M
5. Rd: *2 M zushäkeln, 8 fM, ab * 1x wdh, 2x 2 M zushäkeln = 20 M
6. Rd: *8 fM, 2 M zushäkeln, ab * 1x wdh = 18 M
7. Rd: *7 fM, 2 M zushäkeln, ab * 1x wdh = 16 M
8. Rd: 2 M zushäkeln, 4 fM, 2x 2 M zushäkeln, 4 fM, 2 M zushäkeln = 12 M

9. Rd: 2 M zushäkeln, 2 fM, 2x 2 M zushäkeln, 2 fM, 2 M zushäkeln = 8 M.

Schnabel
in Jaffa 5 Lm anschl und 4 fM häkeln.

Fertigstellen
Den Körper ausstopfen und zusammennähen. Den Schnabel in der Mitte falten, die Seitennähte zusammennähen und den Schnabel am Kopf festnähen. Für die Beine den Chenilledraht in Form biegen und am Körper befestigen. Wackelaugen aufkleben.

Gans

→ aktuell

Anleitung

Schnabel und Körper

in Sonne 2 Lm anschl

1. Rd: 4 fM in die 2. Lm von der Nd aus

2. Rd: 4 fM häkeln

in Weiß weiterhäkeln

3. Rd: 1 fM, 2 M verd, 1 fM = 6 M

4. Rd: 1 fM, 4 M verd, 1 fM = 10 M

5. Rd: 3 fM, 4 M verd, 3 fM = 14 M

6.+7. Rd: 14 fM häkeln

8. Rd: 5 fM, 2x 2 M zushäkeln, 5 fM = 12 M

9. Rd: 2 M zushäkeln, *3 fM, 2 M zushäkeln, ab * 1x wdh = 9 M

10. Rd: 9 fM häkeln

11. Rd: 1 M verd, *3 fM, 1 M verd, ab * 1x wdh = 12 M

12. Rd: jede 3. M verd = 16 M

13. Rd: 16 fM häkeln

14. Rd: jede 4. M verd = 20 M

15. Rd: 20 fM häkeln

16. Rd: jede 5. M verd = 24 M

17.-20. Rd: 24 fM häkeln

21. Rd: jede 3. und 4. M zushäkeln = 18 M

22. Rd: jede 2. und 3. M zushäkeln = 12 M, ausstopfen

23. Rd: je 2 M zushäkeln = 6 M

24. Rd: 2 Km, Arbeit flach aufeinanderlegen, gleichzeitig durch obere und untere M-glieder stechen, dabei 3 fM häkeln

25. Rd: 3 fM häkeln

26. Rd: *3 Lm, 1 fM, ab * 2x wdh.

Fuß (2x häkeln)

in Sonne 2 Lm anschl

1. R: 1 fM häkeln

2. R: 1 M verd = 2 M

3. R: 2 fM häkeln

4. R: in die 1. + 2. M je 3 Lm, 1 fM, 3 Lm, in die 2. M je 1 fM, 3 Lm, 1 fM häkeln.

Flügel

in Weiß 2 Lm anschl

1. R: 1 fM häkeln

2. R: 1 M verd = 2 M

3. R: 1 fM, 1 M verd = 3 M

4. R: 2 fM, 1 M verd = 4 M

5. R: 4 fM häkeln

6. R: *3 Lm, 1 Km, ab * 3x wdh.

Fertigstellen

Füße und Flügel annähen und die Wackelaugen aufkleben.

GRÖSSE

8 cm

MATERIAL

◆ Schachenmayr Catania in Weiß (Fb 106) und in Sonne (Fb 208), Reste

◆ 2 Wackelaugen, ø 3 mm

◆ Häkelnadel Nr. 2,5

◆ Füllwatte

Maus

→ endlich mal Mäuschen spielen ...

GRÖSSE
5 cm

MATERIAL

◆ Schachenmayr Catania
  in Silber (Fb 172) und
  Orchidee (Fb 222),
  Reste

◆ Anchor Sticktwist in
  Schwarz (Fb 403), Rest

◆ Pompon in Schwarz,
  ø 6 mm

◆ 2 Holzhalbkugeln in
  Schwarz, ø 5 mm

◆ Häkelnadel Nr. 2,5

◆ Füllwatte

Anleitung

Kopf und Körper

in Silber 2 Lm anschl
1. Rd: 5 fM in die 2. Lm von
der Nd aus
2. Rd: jede M verd = 10 M
2. Rd: jede 2. M verd = 15 M
4. Rd: jede 3. M verd = 20 M
5. Rd: jede 4. M verd = 25 M
6.-10. Rd: 25 fM häkeln
11. Rd: jede 4. und 5. M zushäkeln = 20 fM
12. Rd: jede 3. und 4. M zushäkeln = 15 M
13. Rd: jede 2. und 3. M zushäkeln = 10 M, ausstopfen
14. Rd: je 2 M zushäkeln = 5 M.

Ohr (2x häkeln)

in Silber 2 Lm anschl
1. R: 5 fM in die 2. Lm von der
Nd aus
2. R: jede M verd = 10 M
3. R: jede 2. M verd = 15 M.

Innenohr (2x häkeln)

in Orchidee 2 Lm anschl,
dann 6 fM in die 2. Lm von
der Nd aus.

Schwanz

in Silber 14 Lm häkeln.

Fertigstellen

Die Innenohren in den Ohren
festnähen, anschließend die
Ohren am Kopf annähen.

Den Schwanz festnähen und
die Schleife in Orchidee an-
binden. Die Schnurrbarthaare
annähen und den Pompon als
Nase aufkleben. Als Augen
die Holzhalbkugeln festkleben.

FANTASIEWELT

Die Fantasie schläft nie! Wer weiß also, ob das Häschen nicht gleich noch eine Taschenuhr aus der Latzhose zieht oder der Clown gar mit den Luftballons abhebt, was das Monster mit der Prinzessin macht und ob sich Fingerpuppen mit einem Gespenstergenossen anfreunden können ...

Teddy & Schweinchen
→ **ein lustiges Gespann**

Teddy

Kopf und Körper
in Flieder 2 Lm anschl
1. Rd: 6 fM in die 2. Lm von der Nd aus
2. Rd: jede M verd = 12 M
3. Rd: jede 2. M verd = 18 M
4. Rd: jede 3. M verd = 24 M
5.-8. Rd: 24 fM häkeln
9. Rd: jede 2. und 3. M zushäkeln = 16 M
10. Rd: je 2 M zushäkeln = 8 M
11. Rd: 8 fM häkeln, ausstopfen
12. Rd: jede 2. M verd = 12 M
13. Rd: 12 fM häkeln
14. Rd: jede 3. M verd = 16 M
15.-17. Rd: 16 fM häkeln
18. Rd: je 2 M zushäkeln = 8 M, ausstopfen
19. Rd: je 2 M zushäkeln = 4 M.

Arm (2x häkeln)
in Flieder 2 Lm anschl
1. Rd: 6 fM in die 2. Lm von der Nd aus
2.-8. Rd: 6 fM häkeln.

Bein (2x häkeln)
in Flieder 2 Lm anschl
1. Rd: 6 fM in die 2. Lm von der Nd aus
2. Rd: jede 2. M verd = 9 M
3. Rd: jede 2. und 3. M zushäkeln = 6 M
4.-8. Rd: 6 fM häkeln.

Ohr (2x häkeln)
in Flieder 2 Lm anschl
1. Rd: 6 fM in die 2. Lm von der Nd aus
2. Rd: jede 2. M verd = 9 M.

Schnauze
in Flieder 2 Lm anschl
1. Rd: 6 fM in die 2. Lm von der Nd aus
2. Rd: jede M verd = 12 M.

Fertigstellen
Die Arme und Beine ausstopfen, oben zusammennähen und am Körper annähen. Die Schnauze und die Ohren leicht ausstopfen und am Kopf festnähen. Das Satinband umbinden. Die Holzhalbkugeln als Augen aufkleben.

Schweinchen

Kopf, Körper, Arme und Beine in Rosé wie den Teddy häkeln

Ohr (2x häkeln)
in Rosé 2 Lm anschl
1. Rd: 4 fM in die 2. Lm von der Nd aus
2. Rd: *1 fM, 1 M verd, ab * 1x wdh = 6 M.

Schnauze
in Rosé 2 Lm anschl
1. Rd: 6 fM in die 2. Lm von der Nd aus = 6 M
2. Rd: nur in hintere M-glieder einstechen, dabei 6 fM häkeln.

Fliege
in Schwarz 4 Lm anschl
1. R: in die 2. Lm 1 fM, 1 Stb, 1 fM, in die 3. Lm 1 Km, in die 4. Lm 1 fM, 1 Stb, 1 fM.

Schwanz
in Rosé 4 Lm anschl
1. R: in die 2. Lm 3 fM, in die 3. Lm 3 fM, in die 4. Lm 3 fM = 9 M.

Fertigstellen
Siehe Teddy. An der hinteren Mitte der Fliege einen Faden anknoten und zum Befestigen um den Hals binden. Die Holzhalbkugeln aufkleben. Den Schwanz annähen und Nasenlöcher in Rosa aufsticken.

GRÖSSE
9 cm

MATERIAL
◆ Häkelnadel Nr. 2,5
◆ Füllwatte

TEDDY
◆ Schachenmayr Catania in Flieder (Fb 226), 50 g
◆ 2 Holzhalbkugeln in Schwarz, ø 5 mm
◆ Satinband, Rest

SCHWEINCHEN
◆ Schachenmayr Catania in Rosé (Fb 158), 50 g
◆ Schachenmayr Catania in Schwarz (Fb 110), Rest
◆ Anchor Sticktwist in Rosa (Fb 704), Rest
◆ 2 Holzhalbkugeln in Schwarz, ø 4 mm

Dr. Maus & die Ballerina

→ Mäuse für alle Lebenslagen

GRÖSSE
10,5 cm

MATERIAL
◆ Häkelnadel Nr. 2,5
◆ Füllwatte

DR. MAUS
◆ Schachenmayr Catania in Silber (Fb 172), 50 g
◆ Schachenmayr Catania in Weiß (Fb 106), Signalrot (Fb 115) und Orchidee (Fb 222), Reste

◆ Anchor Sticktwist in Schwarz (Fb 403) und Rot (Fb 120), Reste
◆ Pompon in Schwarz, ø 6 mm
◆ 2 Holzhalbkugeln in Schwarz, ø 4 mm

BALLERINA
◆ Schachenmayr Catania in Silber (Fb 172), 50 g
◆ Schachenmayr Catania in Orchidee (Fb 222), Rest

◆ Anchor Sticktwist in Schwarz (Fb 403), Rest
◆ Pompon in Schwarz, ø 6 mm
◆ 2 Holzhalbkugeln in Schwarz, ø 4 mm

Dr. Maus

Kopf und Körper

in Silber 2 Lm anschl

1. Rd: 6 fM in die 2. Lm von der Nd aus

2. Rd: jede M verd = 12 M

3. Rd: jede 2. M verd = 18 M

4. Rd: jede 3. M verd = 24 M

5.+6. Rd: 24 fM häkeln

7. Rd: 10 fM, 4 M verd, 10 fM = 28 M

8. Rd: 13 fM, 2 M verd, 13 fM = 30 M

9. Rd: *1 fM, 2 M zushäkeln, ab * 3x wdh, 6 fM, **1 fM, 2 M zushäkeln, ab ** 3x wdh = 22 M

10. Rd: je 2 M zushäkeln = 11 M

11. Rd: 3 fM, 2x 2 M zushäkeln, 3 fM = 8 M, ausstopfen

12. Rd: jede 2. M verd = 12 M

13. Rd: 12 fM häkeln

14. Rd: jede 3. M verd = 16 M

15.-17. Rd: 16 fM häkeln

18. Rd: je 2 M zushäkeln = 8 M, ausstopfen

19. Rd: je 2 M zushäkeln = 4 M.

Ohr (2x häkeln)

in Silber 2 Lm anschl

1. Rd: 5 fM in die 2. Lm von der Nd aus

2. Rd: jede M verd = 10 M

3. Rd: jede 2. M verd = 15 M.

Innenohr (2x häkeln)

in Orchidee 2 Lm anschl, dann 6 fM in die 2. Lm von der Nd aus.

Schwanz

in Silber 13 Lm anschl

1. R: in die 2. Lm 1 fM, in die 3. Lm 1 fM, in die 4. Lm, 1 fM, 5. + 6. Lm zushäkeln, 7. + 8. Lm zushäkeln, 5 fM = 10 M.

Arm (2x häkeln)

in Silber 2 Lm anschl

1. Rd: 6 fM in die 2. Lm von der Nd aus

2.-8. Rd: 6 fM häkeln.

Bein (2x häkeln)

in Silber 2 Lm anschl

1. Rd: 6 fM in die 2. Lm von der Nd aus

2. Rd: jede 2. M verd = 9 M

3. Rd: jede 2. und 3. M zushäkeln = 6 M

4.-8. Rd: 6 fM häkeln.

Arztkittel

in Weiß 21 Lm anschl

1.-8. R: 20 fM häkeln

9. R: 3 fM, 4 Lm, 4 M übergehen, 6 fM, 4 Lm, 4 M übergehen, 3 fM = 20 M

10. R: 2 M zushäkeln, 1 fM, 4 fM über die 4 Lm, 6 fM, 4 fM über die 4 Lm, 1 fM, 2 M zushäkeln = 18 M.

Ärmel (2x häkeln)

in Weiß 11 Lm anschl

1.-5. R: 10 fM häkeln.

Wärmflasche

in Signalrot 3 Lm anschl

1. Rd: 2 fM, weiter an der Unterseite der Lm-Kette 2 fM häkeln = 4 M

2. Rd: jede M verd = 8 M

3. Rd: 1 M verd, 2 fM, 2 M verd, 2 fM, 1 M verd = 12 M

4.+5. Rd: 12 fM häkeln

6. Rd: 2 M zushäkeln, 2 fM, 2x 2 M zushäkeln, 2 fM, 2 M zushäkeln = 8 M

7. Rd: je 2 M zushäkeln = 4 M

8. Rd: Arbeit flach aufeinanderlegen, gleichzeitig durch obere und untere M-glieder stechen, dabei 2 fM häkeln

9. Rd: 2 M verd = 4 M.

Fertigstellen

Die Innenohren an den Außenohren befestigen, dann die Ohren am Kopf annähen. Die Arme und Beine ausstopfen und am Körper festnähen. Die Holzhalbkugeln als Augen aufkleben. Die Schnurrbarthaare annähen und den Pompon als Nase aufkleben. Die Ärmel an der Längsseite zusammennähen und an den Aussparungen des Kittels annähen. Ein rotes Kreuz auf den Kittel sticken, den Kittel anziehen und vorne teilweise zusammennähen. Schwarze Knöpfe aufsticken und den Schwanz annähen. Die Wärmflasche an der Hand festnähen.

Ballerinamaus

Kopf, Körper, Ohr, Innenohr, Schwanz und Arm

siehe Dr. Maus.

Bein (2x häkeln)

in Orchidee 2 Lm anschl

1. Rd: 6 fM in die 2. Lm von der Nd aus

2. Rd: jede 2. M verd = 9 M

3. Rd: jede 2. und 3. M zushäkeln = 6 M

in Silber weiterhäkeln

4.-8. Rd: 6 fM häkeln.

Ballettanzug

in Orchidee 5 Lm anschl

1.-3. R: 4 fM häkeln

4. R: 4 fM, 14 Lm neu anschl, 1 Km in 1. fM = 18 M

5.-7. R: 18 fM häkeln

8. R: in jede 2. M je 1 fM, 1 Stb, 1 DStb, 1 Stb, 1 fM häkeln

9. R: hinter der Arbeit weiterhäkeln und in jede unbenutzte 2. M der Vorrunde je 1 fM, 1 Stb, 1 DStb, 1 Stb, 1 fM häkeln.

Schritt zwischen Beinen

in Orchidee 3 Lm anschl

1.-3. R: 2 fM häkeln.

Schulterträger (2x häkeln)

in Orchidee 9 Lm häkeln.

Fertigstellen

siehe Dr. Maus.

Die Träger oben an den Ballettanzug annähen, dabei im Rücken über Kreuz legen, den Steg zwischen Vorder- und Rückenteil annähen. Ballettanzug anziehen und den Schwanz annähen.

Clown mit Luftballons

→ zirkusreife Vorstellung

GRÖSSE
Clown 10,5 cm
Luftballons 6,5 cm

MATERIAL
◆ Häkelnadel Nr. 2,5

CLOWN
◆ Schachenmayr Catania in Silber (Fb 172), Natur (Fb 105), Weiß (Fb 106), Signalrot (Fb 115) und Schwarz (Fb 110), Reste

◆ Anchor Sticktwist in Weiß (Fb 01) und Schwarz (Fb 403), Reste

◆ Holzperle in Rot, ø 7 mm

◆ Füllwatte

LUFTBALLONS
◆ Schachenmayr Catania in Sonne (Fb 208), Jaffa (Fb 189) und Signalrot (Fb 115), Reste

◆ Magnet

Clown

Kopf und Körper

in Natur 2 Lm anschl

1. Rd: 5 fM in die 2. Lm von der Nd aus
2. Rd: jede M verd = 10 M
3. Rd: jede 2. M verd = 15 M
4. Rd: jede 3. M verd = 20 M
5.+6. Rd: 20 fM häkeln
7. Rd: jede 3. und 4. M zushäkeln = 15 M
8. Rd: jede 2. und 3. M zushäkeln = 10 M,
ausstopfen
9. Rd: je 2 M zushäkeln = 5 M
abwechselnd in Signalrot und Weiß weiterhäkeln
10. Rd: jede M verd = 10 M
11. Rd: jede 2. M verd = 15 M
12. Rd: jede 3. M verd = 20 M
13. Rd: jede 4. M verd = 25 M
14. Rd: jede 5. M verd = 30 M
15.+16. Rd: 30 fM häkeln, ausstopfen
in Silber weiterhäkeln
17.-19. Rd: 30 fM häkeln
20. Rd: 15 fM, 3 Lm neu anschl (Hosen-
schritt), 1 Km in 1. fM = 18 M
21. Rd: 7 fM, 2 M zushäkeln, 9 fM = 17 M
22. Rd: 6 fM, 2 M zushäkeln, 9 fM = 16 M
23. Rd: 6 fM, 2 M zushäkeln, 8 fM = 15 M
24. Rd: 6 fM, 2 M zushäkeln, 7 fM = 14 M
25. Rd: 14 fM häkeln
26. Rd: nur in hintere M-glieder einstechen, dabei je 2 M zushäkeln = 7 M, ausstopfen und Faden durchziehen
das andere Hosenbein ab vorderer Mitte
gegengleich arbeiten:
20. Rd: 18 fM häkeln
21. Rd: 7 fM, 2 M zushäkeln, 9 fM = 17 M
22. Rd: 6 fM, 2 M zushäkeln, 9 fM = 16 M
23. Rd: 6 fM, 2 M zushäkeln, 8 fM = 15 M
24. Rd: 6 fM, 2 M zushäkeln, 7 fM = 14 M
25. Rd: 14 fM häkeln
26. Rd: nur in hintere M-glieder einstechen, dabei je 2 M zushäkeln = 7 M, ausstopfen und Faden durchziehen.

Arm (2x häkeln)

in Natur 2 Lm anschl

1. Rd: 4 fM in die 2. Lm von der Nd aus

2. Rd: *1 fM, 1 M verd, ab * 1x wdh = 6 M
abwechselnd in Signalrot und Weiß weiterhäkeln
3.-7. Rd: 6 fM häkeln.

Schuh (2x häkeln)

in Schwarz beginnend an Schuhspitze
4 Lm anschl

1. Rd: 3 fM, weiter an Unterseite der Lm-
Kette 3 fM häkeln = 6 M
2. Rd: *2 fM, 1 M verd, ab * 1x wdh = 8 M
3. Rd: 8 fM häkeln
4. Rd: *3 fM, 1 M verd, ab * 1x wdh = 10 M
5. Rd: 10 fM häkeln
6. Rd: *4 fM, 1 M verd, ab * 1x wdh = 12 M
7. Rd: 12 fM häkeln
8. Rd: 2 M zushäkeln, 2 fM, 2x 2 M zushäkeln, 2 fM, 2 M zushäkeln = 8 M
9. Rd: 1 fM, 2 M zushäkeln, 2 fM, 2 M
zushäkeln, 1 fM = 6 M.

Hut

in Schwarz 2 Lm anschl

1. Rd: 5 fM in die 2. Lm von der Nd aus
2. Rd: jede M verd = 10 M
3. Rd: nur in hintere M-glieder einstechen, dabei 10 fM häkeln
4. Rd: 10 fM häkeln
5. Rd: nur in vordere M-glieder einstechen, dabei jede 2. M verd = 15 M
6. Rd: jede 3. M verd = 20 M.

Mund

in Weiß 4 Lm anschl

1. Rd: in die 2. Lm 2 fM, in die 3. Lm 1 fM,
in die 4. Lm 2 fM, an der Unterseite der
Lm-Kette in die 1. Lm 4 fM, in die 2. Lm
1 Km, in die 3. Lm 4 fM häkeln = 14 M.

Hosenträger (2x häkeln)

in Schwarz 15 Lm häkeln.

Fertigstellen

Die Arme ausstopfen und am Körper
festnähen. Die Schuhe leicht ausstopfen
und mit der Spitze nach vorne an den
Beinen annähen. Den Hut ausstopfen
und schräg am Kopf annähen. Den Mund
aufnähen und in Signalrot Lippen aufsticken. Die Haare ringförmig am Kopf

anknüpfen. Die Hosenträger festnähen,
die Augen aufsticken und die Nase annähen.

Luftballons

je 1 Luftballon in Sonne, Jaffa und Signalrot arbeiten, dabei 2 Lm anschl

1. R: 2 fM in die 2. Lm von der Nd aus
2. R: 2 M verd = 4 M
3. R: 1 M verd, 2 fM, 1 M verd = 6 M
4.-7. R: 6 fM häkeln
8. R: 2 M zushäkeln, 2 fM, 2 M zushäkeln
= 4 M
9. R: je 2 M zushäkeln = 2 M
10. R: 2 M zushäkeln = 1 M
11. R: 1 M verdreifachen = 3 M
12. R: 1 M verd, 1 fM, 1 M verd = 5 M.

Fertigstellen

Die Luftballons in gewünschter Position
aneinandernähen. Den Endfaden unten
zur Mitte nähen und hängen lassen. Den
Magnet auf der Rückseite befestigen, um
die Ballons an den Kühlschrank zu hängen.

Tipp: Die Luftballons können ohne
Magnet und mit einer etwas län-
geren Schnur auch sehr schön als
Lesezeichen verwendet werden.

Braunbär & Pandabär

→ kleine Kuschelfreunde fürs Leben

GRÖSSE
10,5 cm

MATERIAL
◆ Häkelnadel Nr. 2,5
◆ Füllwatte

BRAUNBÄR
◆ Schachenmayr Rosato in Sisal (Fb 05), 50 g
◆ Anchor Sticktwist in Braun (Fb 360), Rest
◆ 2 Holzhalbkugeln in Schwarz, ø 5 mm

PANDABÄR
◆ Schachenmayr Rosato in Weiß (Fb 01), 50 g
◆ Schachenmayr Rosato in Schwarz (Fb 99), Rest
◆ Anchor Sticktwist in Weiß (Fb 01), Rest
◆ 2 Holzhalbkugeln in Schwarz, ø 5 mm

Braunbär und Pandabär

siehe Teddy S. 74, dabei für den Pandabär Kopf, Arme, Beine, Ohren und Schnauze in Schwarz häkeln. Die Schnauze in Weiß besticken.
Für den Braunbär die Schnauze in Braun aufsticken.

Hase mit Latzhose

→ wo sind die Möhrchen?

GRÖSSE
11,5 cm

MATERIAL

◆ Schachenmayr
Catania in
Natur (Fb 105),
50 g

◆ Schachenmayr
Catania in Hell-
blau (Fb 173)
und Jeans
(Fb 164), Reste

◆ Anchor Stick-
twist in Braun
(Fb 360), Rest

◆ Pompon in
Weiß, ø 6 mm

◆ Häkelnadel
Nr. 2,5

◆ Füllwatte

Anleitung

siehe Teddy S. 74.

Kopf

in Natur häkeln.

Körper

ab Reihe 12 in Hellblau häkeln.

Arme (2x häkeln)

1.-4. Rd: in Natur häkeln
5.-8. Rd: in Hellblau häkeln.

Beine (2x häkeln)

in Natur häkeln.

Schnauze

in Natur häkeln.

Ohr (2x häkeln)

in Natur 8 Lm anschl, zum Ring
schließen
1.-4. Rd: 8 fM häkeln

5. Rd: *2 M zushäkeln, 2 fM,
ab * 1x wdh = 6 M
6.+7. Rd: 6 fM häkeln, Faden
durchziehen.

Hose

in Jeans 5 Lm anschl
1.-4. R: 4 fM häkeln
5. Rd: 4 fM, 14 Lm neu anschl,
1 Km in 1. fM = 18 M
6.-8. Rd: 18 fM häkeln.

1. Hosenbein
9. Rd: 7 fM, 2 Lm neu anschl,
9 fM übergehen, 2 fM, 1 Km
in 1. fM = 11 M
10.+11.Rd: 11 fM häkeln.

2. Hosenbein:
9. Rd: 9 fM, 2 fM über 2 neu
angeschlagene Lm = 11 M
10.+11. Rd: 11 fM häkeln.

Hosenträger (2x häkeln)

in Jeans 9 Lm häkeln.

Fertigstellen

Arme und Beine ausstopfen,
oben zusammennähen und am
Körper annähen. Die Schnauze
und die Ohren leicht ausstopfen
und am Kopf festnähen. Augen
in Braun aufsticken. Die Nase
in Braun x-förmig aufsticken
und die Schnurrbarthaare einfädeln. Die Hose anziehen und
vorne am oberen Rand die Träger annähen, hinten über Kreuz
legen und an der Hose festnähen. Den Pompon als Stummel-
schwänzchen festkleben.

Blumenkinder

→ Schneeglöckchen und Sonnenblume

Anleitung

Kopf

in Natur 2 Lm anschl

1. Rd: 5 fM in die 2. Lm von der Nd aus

2. Rd: jede M verd = 10 M

3. Rd: jede 2. M verd = 15 M

4. Rd: jede 3. M verd = 20 M

5.+6. Rd: 20 fM häkeln

7. Rd: jede 3. und 4. M zushäkeln = 15 M

8. Rd: jede 2. und 3. M zushäkeln = 10 M, ausstopfen

9. Rd: je 2 M zushäkeln = 5 M

Körper in Weiß bzw. Sonne weiter-häkeln

10. Rd: jede M verd = 10 M

11. Rd: jede 2. M verd = 15 M

12.-15. Rd: 15 fM häkeln

16. Rd: nur in vordere M-glieder einstechen, dabei jede M verd = 30 M

17.-25. Rd: 30 fM häkeln

26. Rd: nur in hintere M-glieder einstechen, dabei jede 4. und 5. M zushäkeln = 24 M

27. Rd: jede 3. und 4. M zushäkeln = 18 M

28. Rd: jede 2 . und 3. M zushäkeln = 12 M, ausstopfen

29. Rd: je 2 M zushäkeln = 6 M.

Arm (2x häkeln)

in Natur 2 Lm anschl

1. Rd: 4 fM in die 2. Lm von der Nd aus = 4 M

2. Rd: *1 fM, 1 M verd, ab * 1x wdh = 6 M

in Weiß bzw. Sonne weiterhäkeln

3.-7. Rd: 6 fM häkeln.

Schneeglöckchen

in Khaki 2 Lm anschl

1. Rd: 5 fM in die 2. Lm von der Nd aus

2. Rd: 5 fM häkeln

Blütenblatt in Weiß weiterhäkeln

3. Rd: 1 Lm, 1 M verd, wenden = 2 M

4.-6. Rd: 2 fM häkeln

7. Rd: 2 M zushäkeln = 1 M

4 weitere Blütenblätter über je 1 fM der Blume häkeln.

Sonnenblume

in Jaffa 2 Lm anschl

1. Rd: 6 fM in die 2. Lm von der Nd aus

2. Rd: jede M verd = 12 M

Blütenblatt in Sonne weiterhäkeln

3. Rd: 1 Lm, 2 fM, wenden = 2 M

4.-6. Rd: 2 fM häkeln

7. Rd: 2 M zushäkeln = 1 M

5 weitere Blütenblätter über je 2 M häkeln.

Blumenstiel Schneeglöckchen und Sonnenblume

in Khaki 2 Lm anschl

1. Rd: 4 fM in die 2. Lm von der Nd aus

2.-18. Rd: 4 fM häkeln.

Blatt Schneeglöckchen und Sonnenblume (2x häkeln)

in Khaki 4 Lm anschl

1.+2. R: 3 fM häkeln

3. R: 2 fM, 1 M verd = 4 M

4. R: 3 fM, 1 M verd = 5 M

5.+6. R: 5 fM häkeln

7. R: 2 M zushäkeln, 1 fM, 2 M zushäkeln = 3 M

8. R: 3 M zushäkeln = 1 M.

Blumenhut

Blume und Blütenblätter wdh, dabei für den Blumenstängel in Khaki bzw. Jaffa 6 Lm anschl und 5 fM zurückhäkeln = 5 M.

Fertigstellen

Die Arme ausstopfen und am Körper festnähen. Augen, Mund und Haare aufsticken. Den Blumenhut aufnähen. Die Blütenblätter an der Blume festnähen, die Blätter am Stiel annähen, dann den Stiel an der Blume festnähen. Den Blumenstiel an der Hand befestigen.

GRÖSSE

9 cm

MATERIAL

- Häkelnadel Nr. 2,5
- Füllwatte

SCHNEEGLÖCKCHEN

- Schachenmayr Catania in Weiß (Fb 106), 50 g
- Schachenmayr Catania in Natur (Fb 105), Khaki (Fb 212) und Kamel (Fb 179), Reste
- Anchor Sticktwist in Rot (Fb 328) und Blau (Fb 161), Reste

SONNENBLUME

- Schachenmayr Catania in Sonne (Fb 208), 50 g
- Schachenmayr Catania in Natur (Fb 105), Jaffa (Fb 189), Kamel (Fb 179) und Khaki (Fb 212), Reste
- Anchor Sticktwist in Rot (Fb 328) und Braun (Fb 380), Reste

Schwein, Bär und Gespenst

→ Taschentheater für unterwegs

GRÖSSE
7 cm

MATERIAL
◆ Häkelnadel Nr. 2,5

SCHWEIN
◆ Schachenmayr Catania in Rosé (Fb 158), Rest
◆ 2 Wackelaugen, ø 5 mm
◆ Füllwatte

BÄR
◆ Schachenmayr Catania in Marone (Fb 157) und Weiß (Fb 106), Reste
◆ 2 Wackelaugen, ø 5 mm
◆ Füllwatte

GESPENST
◆ Schachenmayr Catania in Weiß (Fb. 106) und Schwarz (Fb 110), Reste

Anleitung

Körper Schwein bzw. Bär
in Rosé bzw. Marone 2 Lm anschl
1. Rd: 6 fM in die 2. Lm von der Nd aus
2. Rd: jede M verd = 12 M
3. Rd: jede 2. M verd = 18 M
4.-20. Rd: 18 fM häkeln.

Körper Gespenst
in Weiß 2 Lm anschl
1.-17 Rd: siehe Schwein
18. Rd: jede 6. M verd = 21 M
19. Rd: jede 7. M verd = 24 M
20. Rd: jede 8. M verd = 27 M
21. Rd: 3 fM in die 1. M, 1 Km in die 2. M, 3 fM in 3. M, 1 Km in die 4. M, usw.

Schnauze Schwein
in Rosé 2 Lm anschl
1. Rd: 6 fM in die 2. Lm von der Nd aus
2. Rd: nur in hintere M-glieder einstechen, dabei 6 fM häkeln.

Schnauze Bär
in Weiß 2 Lm anschl, dann 6 fM in die 2. Lm von der Nd aus häkeln.

Ohr Schwein (2x häkeln)
in Rosé 4 Lm anschl
1.+2. R: 3 fM häkeln
3. R: 3 M zushäkeln = 1 M.

Ohr Bär (2x häkeln)
in Marone 2 Lm anschl
1. Rd: 6 fM in die 2. Lm von der Nd aus
2. Rd: *2 fM, 1 M verd, ab * 1x wdh = 8 M.

Arm Gespenst
(2x häkeln)
in Weiß 9 Lm anschl
1.-3. Rd: 8 fM häkeln.

Fertigstellen
Ohren am Kopf festnähen. Die Schnauze für das Schwein und den Bär leicht ausstopfen und annähen. Beim Schwein und dem Bär die Wackelaugen aufkleben. Für den Bär eine Nase in Marone aufsticken. Für das Gespenst die Arme annähen und das Gesicht in Schwarz aufsticken.

Entenfamilie

→ für die Allerkleinsten

GRÖSSE

kleine Ente 5 cm
große Ente 6,5 cm

MATERIAL

◆ Schachenmayr Catania
  in Sonne (Fb 208), 50 g
◆ Schachenmayr Catania
  in Jaffa (Fb 189), Rest
◆ Anchor Sticktwist in
  Braun (Fb 380), Rest
◆ Häkelnadel Nr. 2,5
◆ Füllwatte

Anleitung

siehe Rabe S. 70.

Kopf und Körper
in Sonne häkeln.

Schnabel
in Jaffa häkeln.

Fertigstellen

Körper ausstopfen und zusammennähen. Den Schnabel in der Mitte falten und die Seiten-nähte zusammennähen. Den Schnabel am Kopf festnähen und die Augen aufsticken. Für die Kinderwagenkette mehrere Entenküken arbeiten, dabei für die Entenmama die Wolle doppelt nehmen. Die Luftmaschenkette zwischen den Enten in gewünschter Länge häkeln.

Schwein, Bär & Hase

→ kugelrunde Bleistiftaufsätze

Anleitung

Kopf Schwein, Bär bzw. Hase

in Rosé, Marone bzw. Creme 2 Lm anschl
1. Rd: 6 fM in die 2. Lm von der Nd aus
2. Rd: jede M verd = 12 M
3. Rd: jede 2. M verd = 18 M
4. Rd: jede 3. M verd = 24 M
5.-7. Rd: 24 fM häkeln
8. Rd: jede 3. und 4. M zushäkeln = 18 M
9. Rd: jede 2. und 3. M zushäkeln = 12 M,
ausstopfen.

Schnauze Schwein

in Rosé 2 Lm anschl
1. Rd: 6 fM in die 2. Lm von der Nd aus

2. Rd: nur in hintere M-glieder einstechen, dabei 6 fM häkeln.

Schnauze Bär

in Weiß 2 Lm anschl, dann 6 fM in die
2. Lm von der Nd aus häkeln.

Ohr Schwein (2x häkeln)

in Rosé 4 Lm anschl
1.+2. R: 3 fM häkeln
3. R: 3 M zushäkeln = 1 M.

Ohr Bär (2x häkeln)

in Marone 2 Lm anschl
1. Rd: 6 fM in die 2. Lm von der Nd aus
2. Rd: *2 fM, 1 M verd, ab * 1x wdh = 8 M

Ohr Hase (2x häkeln)

in Creme 6 Lm anschl, zum Ring schließen
1.-3. Rd: 6 fM häkeln
4. Rd: *2 M zushäkeln, 1 fM, ab * 1x wdh
= 4 M
5. Rd: 4 fM häkeln.

Fertigstellen

Ohren am Kopf festnähen. Die Schnauze
leicht ausstopfen und annähen. Wackelaugen aufkleben.
Für den Bären eine Nase in Marone
aufsticken. Für den Hasen eine Nase
in Braun x-förmig aufsticken und die
Schnurrbarthaare einfädeln.

GRÖSSE
3 cm

MATERIAL
- Häkelnadel
  Nr. 2,5
- Füllwatte

SCHWEIN
- Schachenmayr
  Catania in Rosé
  (Fb 158), Rest
- 2 Wackelaugen,
  ø 4 mm

BÄR
- Schachenmayr
  Catania in Ma-
  rone (Fb 157)
  und Weiß
  (Fb 106), Reste
- 2 Wackelaugen,
  ø 4 mm

HASE
- Schachenmayr
  Catania in
  Creme (Fb 130),
  Rest
- Anchor Stick-
  twist in Braun
  (Fb 360), Rest
- 2 Wackelaugen,
  ø 4 mm

Vogel, Frosch & Küken

→ lustige Möglichkeiten für Kugelkerlchen

GRÖSSE
3 cm

MATERIAL
◆ Häkelnadel Nr. 2,5
◆ Füllwatte

VOGEL
◆ Schachenmayr Catania in Pfau (Fb 146) und Mimose (Fb 100), Reste
◆ 2 Wackelaugen, ø 4 mm
◆ Schlüsselring

FROSCH
◆ Schachenmayr Catania in Apfel (Fb 205) und Jaffa (Fb 189), Reste
◆ Anchor Sticktwist in Rot (Fb 9046), Rest
◆ 2 Holzperlen in Orange, ø 7 mm
◆ wasserfester Stift in Schwarz

KÜKEN
◆ Schachenmayr Brazilia in Mimose (Fb 22), Rest
◆ Schachenmayr Catania in Jaffa (Fb 189), Rest
◆ 2 Wackelaugen, ø 4 mm

Anleitung

Kopf Vogel, Frosch bzw. Küken

in Pfau, Apfel bzw. Mimose häkeln
1.-9. Rd: siehe Schwein, Bär und Hase
10. Rd: je 2 M zushäkeln = 6 M.

Flügel Vogel bzw. Küken
(2x häkeln)
in Pfau bzw. Jaffa 4 Lm anschl
1. R: 3 fM häkeln
2. R: 1 fM, 2 M zushäkeln = 2 M
3. R: 2 M zushäkeln = 1 M.

Fuß Vogel, Frosch bzw. Küken (2x häkeln)
in Mimose bzw. Jaffa 4 Lm anschl
1.+2. R: 3 fM häkeln
3. R: 4 Lm, 1 fM, 5 Lm, 1 fM, 4 Lm, 1 fM häkeln.

Schnabel Vogel bzw. Küken

in Mimose bzw. Jaffa 5 Lm anschl und 4 fM häkeln.

Fertigstellen
Beim Vogel und Küken die Flügel annähen. Den Schnabel in der Mitte falten, zusammennähen und am Kopf festnähen. Die Wackelaugen aufkleben.
Die Füße bei Vogel, Frosch und Küken annähen.
Beim Frosch die Holzperlen als Augen befestigen und schwarze Pupillen aufmalen. Den Mund in Rot aufsticken. Den Schlüsselring am Vogel befestigen.

Fliegenpilz & Zwerg

→ Grüße aus dem Märchenwald

GRÖSSE
Fliegenpilz 5 cm
Zwerg 10 cm

MATERIAL
◆ Häkelnadel
Nr. 2,5
◆ Füllwatte

**FLIEGEN-
PILZ**
◆ Schachenmayr
Catania in
Weiß (Fb 106)
und Signalrot
(Fb 115), Reste

ZWERG
◆ Schachenmayr
Catania in
Natur (Fb 105),
Birke (Fb 219)
und Dschungel
(Fb 224), Reste
◆ Schachenmayr
Rosato in Natur
(Fb 02), Rest
◆ Anchor Stick-
twist in Grün
(Fb 846) und
Rot (Fb 708),
Reste

Fliegenpilz

Stiel und Kappe

in Weiß 2 Lm anschl
1. Rd: 6 fM in die 2. Lm von der Nd aus
2. Rd: jede M verd = 12 M
3. Rd: nur in hintere M-glieder einstechen, dabei 12 fM häkeln
4.-6. Rd: 12 fM häkeln
7. Rd: jede 3. und 4. M zushäkeln = 9 M
8.+9. Rd: 9 fM häkeln
10. Rd: nur in vordere M-glieder einstechen, dabei jede M verd = 18 M
11. Rd: jede 2. M verd = 27 M
in Signalrot weiterhäkeln
12. Rd: jede 3. M verd = 36 M
13. Rd: 36 fM häkeln
14. Rd: jede 5. und 6. M zushäkeln = 30 M
15. Rd: jede 4. und 5. M zushäkeln = 24 M
16. Rd: jede 3. und 4. M zushäkeln = 18 M
17. Rd: jede 2. und 3. M zushäkeln = 12 M, ausstopfen
18. Rd: je 2 M zushäkeln = 6 M, Faden durchziehen.

Fertigstellen

Punkte aufsticken.

Zwerg

Kopf und Körper

in Natur 2 Lm anschl
1. Rd: 5 fM in die 2. Lm von der Nd aus
2. Rd: jede M verd = 10 M
3. Rd: jede 2. M verd = 15 M
4.+5. Rd: 15 fM häkeln
6. Rd: jede 2. und 3. M zushäkeln = 10 M, ausstopfen
7. Rd: je 2 M zushäkeln = 5 M

in Birke weiterhäkeln
8. Rd: 1 M verd, *1 fM, 1 M verd, ab * 1x wdh = 8 M
9. Rd: jede 2. M verd = 12 M
10.+11. Rd: 12 fM häkeln
12. Rd: jede 3. M verd = 16 M
13.+14. Rd: 16 fM häkeln
15. Rd: jede 4. M verd = 20 M
16.+17. Rd: 20 fM häkeln
18. Rd: nur in hintere M-glieder einstechen, dabei jede 3. und 4. M zushäkeln = 15 M
19. Rd: jede 2. und 3. M zushäkeln = 10 M, ausstopfen
20. Rd: je 2 M zushäkeln = 5 M.

Mütze

in Dschungel 16 Lm anschl, zum Ring schließen
1.-4. Rd: 16 fM häkeln
5. Rd: 2 fM, 2x 2 M zushäkeln, 4 fM, 2x 2 M zushäkeln, 2 fM = 12 M
6.+7. Rd: 12 fM häkeln
8. Rd: 1 fM, 2x 2 M zushäkeln, 2 fM, 2x 2 M zushäkeln, 1 fM = 8 M
9.+10. Rd: 8 fM häkeln
11. Rd: je 2 M zushäkeln = 4 M, Faden durchziehen.

Umhang

in Dschungel 13 Lm anschl
1. R: 12 fM häkeln
2. R: 1 M verd, 10 fM, 1 M verd = 14 M
3. R: 14 fM häkeln
4. R: 1 M verd, 12 fM, 1 M verd = 16 M
5. R: 16 fM häkeln
6. R: 1 M verd, 14 fM, 1 M verd = 18 M
7. R: 18 fM häkeln
8. R: 1 M verd, 16 fM, 1 M verd = 20 M
9. R: 20 fM häkeln.

Fertigstellen

Die Mütze leicht ausstopfen und am Kopf annähen. Den Umhang umlegen, oben am Hals zusammennähen und eine Schleife binden. Haare und Bart kreisförmig um das Gesicht anknüpfen. Augen und Mund aufsticken.

Blumenelfe

→ einfach bezaubernd

GRÖSSE
11 cm

MATERIAL
- Schachenmayr Catania in Natur (Fb 105), Violett (Fb 113), Flieder (Fb 226) und Fuchsia (Fb 128), Reste
- Anchor Stick-twist in Rot (Fb 907), Rest
- 2 Holzhalbku-geln in Schwarz, ø 4 mm
- 5 Herzsteinchen in Violett, ø 6 mm
- 2 Blüten in Fuchsia
- Engelslocken in Blond
- dünner Silber-draht, 10 cm lang
- Häkelnadel Nr. 2,5
- Füllwatte

Anleitung

Kopf und Körper
in Natur 2 Lm anschl
1. Rd: 5 fM in die 2. Lm von der Nd aus
2. Rd: jede M verd = 10 M
3. Rd: jede 2. M verd = 15 M
4.+5. Rd: 15 fM häkeln
6. Rd: jede 2. und 3. M zushä-keln = 10 M, ausstopfen
7. Rd: je 2 M zushäkeln = 5 M
8. Rd: jede M verd = 10 M
9. Rd: 2 fM, 2 M verd, 3 fM, 2 M verd, 1 fM = 14 M
10. Rd: 3 fM, 2 M verd, 5 fM, 2 M verd, 2 fM = 18 M
11.-14. Rd: 18 fM häkeln
15. Rd: 4 fM, 2 M zushäkeln, 7 fM, 2 M zushäkeln, 3 fM = 16 M
16.+17. Rd: 16 fM häkeln
1. Bein in Natur weiterhäkeln
18. Rd: 3 fM, 2 M zushäkeln, 3 fM, 1 Lm, 1 Km in die 1. fM = 8 M
19.-22. Rd: 8 fM häkeln
23. Rd: 2 M zushäkeln, 6 fM = 7 M
24.-26. Rd: 7 fM häkeln, aus-stopfen
27. Rd: 3x 2 M zushäkeln, 1 fM = 4 M
das 2. Bein gegengleich arbei-ten
18. Rd: 3 fM, 2 M zushäkeln, 3 fM, 1 fM in Mittelsteg-Lm = 8 M
19.-27. Rd: siehe 1. Bein.

Arm (2x häkeln)
in Natur 2 Lm anschl
1. Rd: 5 fM in die 2. Lm von der Nd aus
2.-7. Rd: 5 fM häkeln.

Kleid (2x häkeln)
in Flieder 7 Lm anschl
1.-4. R: 6 fM häkeln
in Violett weiterhäkeln
5. Rd: 6 fM über 1. Oberteil, 6 Lm neu anschl, 6 fM über 2. Ober-teil, 6 Lm neu anschl, 1 Km in 1. fM = 24 M
6. Rd: 24 fM häkeln
7. Rd: jede 3. M verd = 30 M
8.-10. Rd: 30 fM häkeln
11. Rd: jede 6. M verd = 35 M
12.-15. Rd: 35 fM häkeln
16. Rd: je 1 fM, 2 Lm im Wechsel.

Flügel (2x häkeln)
in Fuchsia 4 Lm anschl
1.+2. R: 3 fM häkeln
3. R: 1 M verd, 1 fM, 1 M verd = 5 M
4. R: 5 fM häkeln
5. R: 1 M verd, 3 fM, 1 M verd = 7 M
6. R: 7 fM häkeln
7. R: 1 M verd, 5 fM, 1 M verd = 9 M
8.+9. R: 9 fM häkeln, Arbeit tei-len
10. R: 3 fM, 2 M zushäkeln, wenden = 4 M
11. R: je 2 M zushäkeln = 2 M
12. R: 2 M zushäkeln = 1 M

die andere Flügelhälfte gegen-gleich arbeiten
10. R: ab Mitte 2 M zushäkeln, 3 fM = 4 M
11.+12. R: wie 1. Flügelhälfte arbeiten.

Blumenstab
in Flieder 17 Lm anschl
1. R: 5 fM in die 2. M von der Nd aus, 1 Km in 1. fM = 5 M
in Fuchsia weiterhäkeln
2. Rd: in jede fM je 1 fM, 1 Stb, 1 fM.

Stirnband
in Flieder 22 Lm häkeln.

Fertigstellen
Die Arme ausstopfen und am Körper festnähen. Das Kleid anziehen und am oberen Rand mit zwei Stichen zusammennä-hen. Die Engelshaare anknüp-fen, den Mund aufsticken und die Holzhalbkugeln als Augen aufkleben. Das Stirnband am Kopf festnähen, die beiden Blü-ten aufkleben und die Flügel annähen. Am unteren Rand des Kleides die Herzsteinchen fest-kleben. Den Draht durch die Lm-Kette des Blumenstabes ziehen und den Stab an der Hand festnähen.

Monster

→ furchteinflößendes Biest

GRÖSSE

18 cm

MATERIAL

- Schachenmayr Catania in Creme (Fb 130), 50 g
- Schachenmayr Catania in Schwarz (Fb 110), Kaffee (Fb 162) und Weiß (Fb 106), Reste
- Schachenmayr Brazilia in Kamel (Fb 03), Rest
- Schachenmayr Rosato in Sisal (Fb 05) und Mocca (Fb 10), Reste
- Anchor Sticktwist in Weiß (Fb 01) und Schwarz (Fb 403), Reste
- 2 Holzkugeln in Natur, ø 1,2 cm
- Häkelnadel Nr. 2,5
- wasserfester Stift in Schwarz
- Füllwatte

Anleitung

Kopf

in Creme 2 Lm anschl

1. Rd: 6 fM in die 2. Lm von der Nd aus

2. Rd: jede M verd = 12 M

3. Rd: jede 2. M verd = 18 M

4. Rd: jede 3. M verd = 24 M

5. Rd: jede 4. M verd = 30 M

6.-9. Rd: 30 fM häkeln

10. Rd: 6 fM, *2 M zushäkeln, 1 fM, ab * 1x wdh, 2 M zushäkeln, 2 fM, **2 M zushäkeln, 1 fM, ab ** 1x wdh, 2 M zushäkeln, 6 fM = 24 M

11. Rd: 5 fM, *2 M zushäkeln, 1 fM, ab * 3x wdh, 2 M zushäkeln, 5 fM = 19 M

12. Rd: 4 fM, *2 M zushäkeln, 1 fM, ab * 2x wdh, 2 M zushäkeln, 4 fM = 15 M

13. Rd: jede 2. und 3. M zushäkeln = 10 M

je 1 Rd in Mocca und in Sisal im Wechsel weiterhäkeln

14. Rd: 10 fM häkeln

15. Rd: jede M verd = 20 M

16. Rd: 4 fM, 2 M verd, 8 fM, 2 M verd, 4 fM = 24 M

17.-24. Rd: 24 fM häkeln

in Kamel weiterhäkeln

25. Rd: nur in hintere M-glieder einstechen, dabei 24 fM häkeln

26. Rd: 24 fM häkeln.

Hosenbeine

1. Hosenbein:

27. Rd: 5 fM, 2 M zushäkeln, 4 fM, 2 Lm, 1 Km in die 1. fM = 12 M

28.-35. Rd: 12 fM häkeln

36. Rd: nur in hintere M-glieder einstechen, dabei jede 2. und 3. M zushäkeln = 8 M, ausstopfen, Faden durchziehen.

2. Hosenbein:

27. Rd: 5 fM, 2 M zushäkeln, 4 fM, 2 fM über Lm = 12 M

28.-35. Rd: 12 fM häkeln

36. Rd: nur in hintere M-glieder einstechen, dabei jede 2. und 3. M zushäkeln = 8 M, ausstopfen, Faden durchziehen.

Krallen (12x arbeiten)

in Schwarz 3 Lm häkeln.

Horn (2x häkeln)

in Schwarz 5 Lm anschl, zum Ring schließen

1.-5. Rd: 5 fM häkeln, Faden durchziehen.

Fuß (2x häkeln)

in Kamel von vorne beginnend 4 Lm anschl

1. Rd: 3 fM am oberen Lm-Rand und 3 fM am unteren Lm-Rand häkeln = 6 M

2. Rd: *2 fM, 1 M verd, ab * 1x wdh = 8 M

3. Rd: 8 fM häkeln

4. Rd: *3 fM, 1 M verd, ab * 1x wdh = 10 M

5. Rd: 10 fM häkeln

6. Rd: *4 fM, 1 M verd, ab * 1x wdh = 12 M

7. Rd: 12 fM häkeln

8. Rd: je 2 M zushäkeln = 6 M, leicht ausstopfen.

Arm (2x häkeln)

in Kamel 2 Lm anschl

1. Rd: 5 fM in die 2. Lm von der Nd aus

2. Rd: *1 M verd, 1 fM, ab * 1x wdh, 1 M verd = 8 M

3. Rd: 8 fM häkeln

je 1 Rd in Mocca und in Sisal im Wechsel weiterhäkeln

4.-12. Rd: 8 fM häkeln.

Fertigstellen

Füße an den Beinen und Hörner am Kopf festnähen. Pro Fuß und Hand 3 Krallen annähen. Haare und Bart kreisförmig um das Gesicht anknüpfen. Als Augen die Holzperlen annähen und schwarze Pupillen aufmalen. Mund und Zähne aufsticken.

Prinzessin

→ die Allerschönste, das bist du!

GRÖSSE
10 cm

MATERIAL
- Schachenmayr Catania in Weiß (Fb 106), Orchidee (Fb 222) und Natur (Fb 105), Reste
- Schachenmayr Rosato in Natur (Fb 02), Rest
- Anchor Artiste Metallic in Gold (Fb 300), Rest
- Anchor Sticktwist in Blau (Fb 142) und Rot (Fb 69), Reste
- Häkelnadel Nr. 2,5
- Füllwatte

Anleitung

siehe Blumenkinder S. 82

Kopf und Körper
1.-9. Rd: in Natur häkeln
10-15. Rd: in Weiß häkeln
16. Rd: in Gold häkeln
17.-30. Rd: in Orchidee häkeln.

Arm (2x häkeln)
1.-4. Rd: in Natur häkeln
in Weiß weiterhäkeln
5. Rd: jede M verd = 12 M
6. Rd: 12 fM häkeln
7. Rd: jede 3. und 4. M zushäkeln = 8 M.

Gürtelband (2x häkeln)
in Gold 8 Lm häkeln.

Krone
in Gold 26 Lm anschl, zum Ring schließen
1. Rd: 26 fM häkeln
2. Rd: 10 Km, 1 M übergehen, 5 Stb, 1 M übergehen, 1 Km, wenden, auf jedes Stb je 3 Lm und 1 Km häkeln.

Fertigstellen
Die Arme ausstopfen, flach aufeinanderlegen, zusammennähen und am Körper festnähen. Die Haare in Rosato anknüpfen. Die Krone auf dem Kopf festnähen, das Gesicht aufsticken und die Gürtelbänder annähen.

Einhorn

→ aus einem fernen Land

GRÖSSE
10 cm

MATERIAL
- Schachenmayr Catania in Weiß (Fb 106), 50 g
- Schachenmayr Brazilia in Natur (Fb 02), Rest
- Anchor Artiste Metallic in Gold (Fb 300), Rest
- Anchor Sticktwist in Braun (Fb 381), Rest
- Häkelnadel Nr. 2,5
- Füllwatte

Anleitung

siehe Zebra S. 8

Körper und Ohren
in Weiß häkeln.

Vorderbein (2x häkeln)
1.+2. Rd: in Natur häkeln
3.-9. Rd: in Weiß häkeln.

Hinterbein (2x häkeln)
1.+2. Rd: in Natur häkeln
3.-9. Rd: in Weiß häkeln.

Horn
in Gold 5 Lm anschl, zum Ring schließen
1.-3. Rd: 5 fM häkeln
4. Rd: 2 M zushäkeln, 3 fM = 4 M
5.+6. Rd: 4 fM häkeln, Faden durchziehen.

Fertigstellen
Die Beine ausstopfen und am Körper festnähen. Das Horn ausstopfen und annähen. Augen und Nüstern aufsticken, Mähne und Schweif anknüpfen.

Zauberer

→ **großer Magier**

GRÖSSE
13 cm

MATERIAL
- Schachen-
  mayr Catania
  in Schwarz
  (Fb 110), 50 g
- Schachenmayr
  Catania in
  Natur (Fb 105)
  und Royal
  (Fb 201), Reste
- Schachenmayr
  Brazilia in
  Silber (Fb 90),
  Rest
- Anchor Artiste
  Metallic in
  Silber (Fb 301),
  Rest
- Anchor Stick-
  twist in Blau
  (Fb 133) und
  Rot (Fb 46),
  Reste
- Häkelnadel
  Nr. 2,5
- Füllwatte

Anleitung

siehe Hexe S. 98

Kopf und Körper

1.-9. Rd: in Natur häkeln
10.-22. Rd: in Schwarz häkeln
23. Rd: jede 6. M verd = 28 M
24.+25. Rd: 28 fM häkeln
26. Rd: nur in hintere M-glieder
einstechen, dabei jede 3. und
4. M zushäkeln = 21 M
27. Rd: jede 2. und 3. M zushäkeln = 14 M, ausstopfen
28. Rd: je 2 M zushäkeln = 7 M
29. Rd: 3x 2 M zushäkeln, 1 fM
= 4 M.

Hut

in Schwarz häkeln, jedoch ohne
Hutkrempe.

Arm (2x häkeln)

1.+2. Rd: in Natur häkeln
3.-8. Rd: in Schwarz häkeln.

Zauberstab

In Weiß 3 Lm anschl
1. R: 2 fM häkeln
2.-7. R: in Schwarz: 2 fM häkeln
8. R: in Weiß 2 fM häkeln.

Umhang

in Royal 15 Lm anschl
1. R: 14 fM häkeln
2. R: 1 M verd, 12 fM, 1 M verd
= 16 M
3. R: 16 fM häkeln
4. R: 1 M verd, 14 fM, 1 M verd
= 18 M
5. R: 18 fM häkeln.

6. R: 1 M verd, 16 fM, 1 M verd
= 20 M
7. R: 20 fM häkeln
8. R: 1 M verd, 18 fM, 1 M verd
= 22 M
9. R: 22 fM häkeln
10. R: 1 M verd, 20 fM, 1 M verd
= 24 M
11. R: 24 fM häkeln
12. R: 1 M verd, 22 fM, 1 M verd
= 26 M
13. R: 26 fM häkeln
14. R: 1 M verd, 24 fM, 1 M verd
= 28 M
15. R: 28 fM häkeln.

Fertigstellen

Arme ausstopfen und am Körper festnähen. Sterne in Silber
auf Umhang und Hut sticken.
Den Hut leicht ausstopfen und
auf dem Kopf annähen. Haare
und Bart in Silber anknüpfen.
Den Zauberstab seitlich zusammennähen und an der Hand
befestigen. Augen und Mund
mit Sticktwist aufsticken.

Schutzengel

→ für brenzlige Situationen

GRÖSSE
9,5 cm

MATERIAL
- Schachenmayr Catania in Weiß (Fb 106) und Natur (Fb 105), Reste
- Anchor Artiste Metallic in Silber (Fb 301), 25 g
- Anchor Sticktwist in Rot (Fb 63) und Blau (Fb 940), Reste
- Engelslocken in Blond
- Häkelnadel Nr. 2,5
- Füllwatte

Anleitung

Kopf und Kleid

in Natur 2 Lm anschl
1. Rd: 5 fM in die 2. Lm von der Nd aus
2. Rd: jede M verd = 10 M
3. Rd: jede 2. M verd = 15 M
4.+5. Rd: 15 fM häkeln
6. Rd: jede 2. und 3. M zushäkeln = 10 M, ausstopfen
7. Rd: je 2 M zushäkeln = 5 M
in Silber weiterhäkeln
8. Rd: 1 M verd, *1 fM, 1 M verd, ab * 1x wdh = 8 M
9. Rd: jede 2. M verd = 12 M
10.+11. Rd: 12 fM häkeln
12. Rd: jede 3. M verd = 16 M
13.+14. Rd: 16 fM häkeln
15. Rd: jede 4. M verd = 20 M
16. Rd: 20 fM häkeln
17. Rd: jede 4. M verd = 25 M
18. Rd: 25 fM häkeln
19. Rd: jede 5. M verd = 30 M
20.+21. Rd: 30 fM häkeln
22. Rd: jede 6. M verd = 35 M
23.+24. Rd: 35 fM häkeln
25. Rd: je 1 fM und 2 Lm im Wechsel.

Ärmel

in Silber 8 Lm anschl und zum Ring schließen
1.-4. Rd: 8 fM häkeln
5. Rd: jede 2. M verd = 12 M
6. Rd: 12 fM häkeln
7. Rd: je 1 fM und 2 Lm im Wechsel häkeln.

Körper

in Natur 8 Lm anschl und zum Ring schließen
1.-5. Rd: 8 fM häkeln
6. Rd: jede 2. M verd = 12 M
7.+8. Rd: 12 fM häkeln, danach Arbeit teilen
9. Rd: 3 fM, 1 Lm neu anschl, 6 M übergehen, 3 fM = 7 M
10-15. Rd: 7 fM häkeln
16.+17. Rd: in Silber 7 fM häkeln
das andere Bein ab 9. Rd genauso arbeiten.

Flügel

in Weiß 3 Lm anschl
1. R: 2 fM häkeln
2. R: jede M verd = 4 M
3. R: jede M verd = 8 M
4. R: 1 M verd, 6 fM, 1 M verd = 10 M
5. R: 1 M verd, 8 fM, 1 M verd = 12 M
6. R: 1 M verd, 10 fM, 1 M verd = 14 M, danach Arbeit teilen
7. R: 7 fM häkeln, wenden
8. R: 2 M zushäkeln, 4 fM, 1 M verd = 7 M
9. R: 7 fM häkeln
10. R: 2 M zushäkeln, 5 fM = 6 fM
11. R: 2 M zushäkeln, 2 fM, 2 M zushäkeln = 4 M
12. R: je 2 M zushäkeln = 2 fM
die andere Flügelhälfte gegengleich arbeiten
7. R: 7 fM häkeln, wenden
8. R: 1 M verd, 4 fM, 2 M zushäkeln = 7 M
9. R: 7 fM häkeln

10. R: 5 fM, 2 M zushäkeln = 6 M
11. R: 2 M zushäkeln, 2 fM, 2 M zushäkeln = 4 M
12. R: je 2 M zushäkeln = 2 M.

Arm (2x häkeln)

in Natur 2 Lm anschl
1. Rd: 5 fM in die 2. Lm von der Nd aus
2.-7. R: 5 fM häkeln.

Unterhose

in Silber 9 Lm anschl
1. R: 8 fM häkeln
2. R: 2 M zushäkeln, 4 fM, 2 M zushäkeln = 6 M
3. R: 2 M zushäkeln, 2 fM, 2 M zushäkeln = 4 M
4. R: je 2 M zushäkeln = 2 M
5.-7. R: 2 fM häkeln
8. R: 2 M verd = 4 M
9. R: 1 M verd, 2 fM, 1 M verd = 6 M
10. R: 1 M verd, 4 fM, 1 M verd = 8 M.

Fertigstellen

Den Körper ausstopfen und unter dem Kleid am Kopf befestigen. Die Arme ausstopfen und am Kleid annähen. Die Trompetenärmel darüberziehen und ebenfalls festnähen. Die Flügel am Rücken annähen. Die Unterhose anziehen und an der Seite mit zwei Stichen zusammennähen. Die Haare anknüpfen und Mund und Augen aufsticken.

Hexe

→ Mäuseschwanz und Erbsengrütze

GRÖSSE
13 cm

MATERIAL
- Schachen-
  mayr Catania
  in Schwarz
  (Fb 110), 50 g
- Schachen-
  mayr Catania
  in Pistazie
  (Fb 236), Rest
- Schachenmayr
  Brazilia in
  Papaya (Fb 28),
  Rest
- Schachenmayr
  Rosato in Sisal
  (Fb 05), Rest
- Pfeifenputzer
  in Hellbraun
- Anchor Stick-
  twist in Rot
  (Fb 708) und
  Braun (Fb 360),
  Reste
- Häkelnadel
  Nr. 2,5
- Füllwatte

Anleitung

Kopf
in Pistazie 2 Lm anschl
1. Rd: 5 fM in die 2. Lm von der Nd aus
2. Rd: jede M verd = 10 M
3. Rd: jede 2. M verd = 15 M
4. Rd: jede 3. M verd = 20 M
5.+6. Rd: 20 fM häkeln
7. Rd: jede 3. und 4. M zus-häkeln = 15 M
8. Rd: jede 2. und 3. M zus-häkeln = 10 M, ausstopfen
9. Rd: je 2 M zushäkeln = 5 M in Schwarz weiterhäkeln
10. Rd: 5 fM häkeln
11. Rd: 1 M verd, *1 fM, 1 M verd, ab * 1x wdh = 8 M
12. Rd: jede 2. M verd = 12 M
13. Rd: 12 fM häkeln
14. Rd: jede 3. M verd = 16 M
15.+16. Rd: 16 fM häkeln
17. Rd: jede 4. M verd = 20 M
18.+19. Rd: 20 fM häkeln
20. Rd: jede 5. M verd = 24 M
21.-23. Rd: 24 fM häkeln
24. Rd: nur in hintere M-glieder einstechen, dabei jede 3. und 4. M zushäkeln = 18 M
25. Rd: jede 2. und 3. M zus-häkeln = 12 M, ausstopfen
26. Rd: je 2 M zushäkeln = 6 M.

Nase
in Pistazie 4 Lm anschl, dann 4 Stb in die 4. Lm von der Nd aus häkeln.

Hut
in Schwarz 20 Lm anschl, zum Ring schließen
1.-4. Rd: 20 fM häkeln
5. Rd: jede 4. und 5. M zus-häkeln = 16 M
6.+7. Rd: 16 fM häkeln
8. Rd: jede 3. und 4. M zus-häkeln = 12 M
9.+10. Rd: 12 fM häkeln
11. Rd: jede 2. und 3. M zus-häkeln = 8 M
12.+13. Rd: 8 fM häkeln
14. Rd: je 2 M zushäkeln.

Hutkrempe
in Schwarz am unteren Rand des Hutes weiterhäkeln
1. Rd: nur in vordere M-glieder einstechen, dabei jede M verd = 40 M
2. Rd: jede 4. M verd = 50 M.

Arm (2x häkeln)
in Pistazie 2 Lm anschl
1. Rd: 4 fM in die 2. Lm von der Nd aus
2. Rd: *1 fM, 1 M verd, ab * 1x wdh = 6 M
in Schwarz weiterhäkeln
3.-7. Rd: 6 fM häkeln.

Besen
15 Fäden mit je 15 cm Länge in Sisal zuschneiden. Die Wolle mittig über die unteren 2 cm Pfeifenputzer legen und die 2 cm so 1x um die Wollfäden biegen, dass der Draht wieder nach unten zeigt. Den so ent- standenen Besenpuschel oben in Sisal umwickeln.

Fertigstellen
Die Arme ausstopfen und am Körper festnähen. Die Nase am seitlichen Rand zusammen- nähen, dann am Kopf festnä- hen. Eine Warze in Pistazie auf- sticken und Haare in Papaya anknüpfen. Augen und Mund aufsticken. Den Hut leicht aus- stopfen, auf dem Kopf festnä- hen und den Besen an der Hexe befestigen.

Gespenst & Kürbis

→ für Halloween

GRÖSSE
Gespenst 8,5 cm
Kürbis flach
6 cm
Kürbis rund
4 cm

MATERIAL
◆ Häkelnadel
Nr. 2,5

GESPENST
◆ Schachenmayr
Catania in
Weiß (Fb 106)
und Schwarz
(Fb 110), Reste

**FLACHER
KÜRBIS**
◆ Schachenmayr
Catania in
Jaffa (Fb 189)
und Schwarz
(Fb 110), Reste

**RUNDER
KÜRBIS**
◆ Schachenmayr
Catania in
Jaffa (Fb 189)
und Schwarz
(Fb 110), Reste
◆ Füllwatte

Gespenst

Kopf und Körper

in Weiß 2 Lm anschl
1. R: 2 fM in die 2. Lm von der Nd aus
2. R: jede M verd = 4 M
3. R: 1 M verd, 2 fM, 1 M verd = 6 M
4.+5. R: 6 fM häkeln
6. R: 2 M zushäkeln, 2 fM, 2 M zushäkeln = 4 M
7. R: je 2 M zushäkeln = 2 M
8. R: 2 M verd = 4 M
9. R: 1 M verd, 2 fM, 1 M verd = 6 M
10. R: 1 M verd, 4 fM, 1 M verd = 8 M
11. R: 1 M verd, 6 fM, 1 M verd = 10 M
12.-14. R: 10 fM häkeln
15. R: 2 M zushäkeln, 6 fM, 2 M zushäkeln = 8 M
16. R: 2 M zushäkeln, 4 fM, 2 M zushäkeln = 6 M
17. R: 2 M zushäkeln, 3 fM, 1 M verd = 6 M
18. R: 1 M verd, 3 fM, 2 M zushäkeln = 6 M
19. R: 2 M zushäkeln, 3 fM, 1 M verd = 6 M
20. R: 2 M zushäkeln, 2 fM, 2 M zushäkeln = 4 M
21. R: 2 M zushäkeln, 1 fM, 1 M verd = 4 M
22. R: 1 M verd, 1 fM, 2 M zushäkeln = 4 M
23. R: je 2 M zushäkeln = 2 M
24. R: 2 M zushäkeln = 1 M.

Fertigstellen
Gesicht aufsticken.

Flacher Kürbis

Kopf

in Jaffa 2 Lm anschl
1. Rd: 6 fM in die 2. Lm von der Nd aus
2. Rd: jede M verd = 12 M
3. Rd: jede 2. M verd = 18 M
4. Rd: jede 3. M verd = 24 M
5. Rd: jede 4. M verd = 30 M
6. Rd: jede 5. M verd = 36 M.

Stiel

in Schwarz 5 Lm anschl, dann 4 fM häkeln.

Fertigstellen
Gesicht aufsticken und Stiel annähen.

Runder Kürbis

Kopf

in Jaffa 2 Lm anschl
1. Rd: 6 fM in die 2. Lm von der Nd aus
2. Rd: jede M verd = 12 M
3. Rd: jede 2. M verd = 18 M
4. Rd: jede 3. M verd = 24 M
5.-8. Rd: 24 fM häkeln
9. Rd: jede 3. und 4. M zushäkeln = 18 M
10. Rd: jede 2. und 3. M zushäkeln = 12 M, ausstopfen
11. Rd: je 2 M zushäkeln = 6 M.

Stiel

in Schwarz 6 Lm anschl, dann 5 fM häkeln.

Fertigstellen
Gesicht und Zackenrand aufsticken. Den Stiel annähen.

So wird's gemacht

Bevor Sie mit dem Häkeln beginnen, sollten Sie die folgenden Hinweise beachten:
Alle Modelle sind vorwiegend aus festen Maschen gehäkelt. Durch eine Veränderung der Einstichstelle entstehen effektvolle Strukturen. So kann z.B. nur in die vorderen bzw. hinteren Maschenglieder gestochen werden. Für ein paar Modelle werden zusätzlich halbe Stäbchen, Doppelstäbchen und Stäbchen benötigt. Um auch Häkelanfängern ein problemloses Nacharbeiten zu ermöglichen, finden Sie im Folgenden hilfreiche Erklärungen, die Ihnen einzelne Häkeltechniken veranschaulichen sollen.

In Runden häkeln

Wird in Runden gearbeitet, werden zuerst zwei Luftmaschen angeschlagen. In der 1. Runde wird die in der Anleitung angegebene Anzahl fester Maschen in die 2. Luftmasche von der Nadel aus gehäkelt. Danach wird in Runden gearbeitet, dabei beginnt jede Runde mit einer Luftmasche und endet mit einer Kettmasche. Dies erleichtert das Abzählen der Runden bzw. der Maschenzahl nach Zu- bzw. Abnahmen.

In Reihen häkeln

Wird in Reihen gehäkelt, wird jede Reihe mit einer zusätzlichen Luftmasche gewendet.

Maschen zunehmen

Beim Zunehmen von Maschen werden Maschen verdoppelt, d. h., es werden zwei Maschen in eine Einstichstelle gehäkelt.

Maschen abnehmen

Beim Abnehmen von Maschen werden zwei Maschen zusammen abgemascht. Hierfür wird zuerst in die 1. Masche eingestochen und der Faden durchgezogen und dann in die 2. Masche eingestochen und der Faden durchgezogen. Es befinden sich insgesamt drei Schlingen auf der Nadel. Danach wird der Faden durch alle drei Schlingen durchgezogen.

Farbwechsel

Beim Farbwechsel am Ende oder inner-
halb einer Reihe für die letzte feste
Masche zuerst eine Schlinge in der in
Arbeit befindlichen Farbe durchholen.
Danach werden beide Schlingen mit der
neuen Farbe abgemascht. Dies gilt so-
wohl beim Farbwechsel in Spiralrunden,
als auch am Ende einer Reihe.

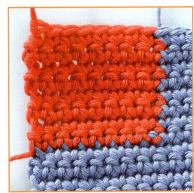

Stopfen

Körper und Kopf werden während des Häkelns mit Füllwatte gestopft. Den Körper möglichst während der Abnahmen für den Hals
stopfen, da sonst die Öffnung zu klein ist, um den Körper füllen zu können. Der Kopf wird am besten 2-3 Runden vor dem Schließen
gestopft. Sollte die Öffnung zu klein sein, um mit der Hand zu stopfen, eignet sich ein dickerer Holzstab (z. B. der Stiel eines Koch-
löffels) sehr gut. Die Tiere nicht zu fest stopfen, da sonst die Füllwatte durch die Maschen scheint.

Zusammenfügen der Tiere

Sind alle Körperteile gehäkelt, ist es rat-
sam, diese zuerst an dem Körper bzw.
dem Kopf mit Stecknadeln festzustecken,
um gleichmäßige Proportionen zu errei-
chen. Anschließend werden alle Körperteile angenäht.

Spannstich

Einzelne Spannstiche durch eine Linie oder zwei Punkte markieren. Dann am 1. Punkt
oder am Beginn der Linie ausstechen und am 2. Punkt oder am Ende der Linie wieder
einstechen. Den Faden anziehen.

HILFESTELLUNG ZU ALLEN FRAGEN, DIE MATERIALIEN UND BÜCHER BETREFFEN:
FRAU ERIKA NOLL BERÄT SIE. RUFEN SIE AN: 0 50 52/91 18 58*

*normale Telefongebühren

Danke an meine vier Kinder, die mir bei der Ausarbeitung und Gestaltung der Figuren mit Rat und Tat zur Seite gestanden haben.

IMPRESSUM

Wir danken der Firma Coats für die Unterstützung bei diesem Buch: Coats GmbH Kenzingen, www.coatsgmbh.de

FOTOS: frechverlag GmbH, 70499 Stuttgart; Fotostudio Ullrich & Co., Renningen

DRUCK UND BINDUNG: DELO-Tiskarna d.d., Ljubljana

Materialangaben und Arbeitshinweise in diesem Buch wurden von der Autorin und den Mitarbeitern des Verlags sorgfältig geprüft. Eine Garantie wird jedoch nicht übernommen. Autorin und Verlag können für eventuell auftretende Fehler oder Schäden nicht haftbar gemacht werden. Das Werk und die darin gezeigten Modelle sind urheberrechtlich geschützt. Die Vervielfältigung und Verbreitung ist, außer für private, nicht kommerzielle Zwecke, untersagt und wird zivil- und strafrechtlich verfolgt. Dies gilt insbesondere für eine Verbreitung des Werkes durch Fotokopien, Film, Funk und Fernsehen, elektronische Medien und Internet sowie für eine gewerbliche Nutzung der gezeigten Modelle. Bei Verwendung im Unterricht und in Kursen ist auf dieses Buch hinzuweisen.

Auflage: 5.   4.   3.   2.   1.
Jahr: 2012   2011   2010   2009   2008   [Letzte Zahlen maßgebend]

© 2008 **frechverlag** GmbH, 70499 Stuttgart

ISBN 978-3-7724-6573-4
Best.-Nr. 6573